# TRANSTORNOS PSIQUIÁTRICOS
## UM OLHAR MÉDICO-ESPÍRITA

Leonardo Machado

# TRANSTORNOS PSIQUIÁTRICOS
UM OLHAR MÉDICO-ESPÍRITA

*Copyright* © 2013 *by*
FEDERAÇÃO ESPÍRITA BRASILEIRA – FEB

1ª edição – 5ª impressão – 1 mil exemplares – 9/2024

ISBN 978-85-8485-055-6

Todos os direitos reservados. Nenhuma parte desta publicação pode ser reproduzida, armazenada ou transmitida, total ou parcialmente, por quaisquer métodos ou processos, sem autorização do detentor do *copyright*.

FEDERAÇÃO ESPÍRITA BRASILEIRA – FEB
SGAN 603 – Conjunto F – Avenida L2 Norte
70830-106 – Brasília (DF) – Brasil
www.febeditora.com.br
editorial@febnet.org.br
+55 61 2101 6161

Todo o papel empregado nesta obra possui certificação FSC® sob responsabilidade do fabricante obtido através de fontes responsáveis.
* marca registrada de Forest Stewardship Council

Pedidos de livros à FEB
Comercial
Tel.: (61) 2101 6161 – comercial@febnet.org.br

Adquirindo esta obra, você está colaborando com as ações de assistência e promoção social da FEB e com o Movimento Espírita na divulgação do Evangelho de Jesus à luz do Espiritismo.

Dados Internacionais de Catalogação na Publicação (CIP)
(Federação Espírita Brasileira – Biblioteca de Obras Raras)

---

M149t   Machado, Leonardo, 1985–

       Transtornos psiquiátricos: um olhar médico espírita / Leonardo Machado. – 1. ed. – 5. imp. – Brasília: FEB, 2024.

       192 p.; 21cm

       Inclui referências e índice geral

       ISBN 978-85-8485-055-6

       1. Transtornos mentais. 2. Psiquiatria. 3. Espiritismo. I. Federação Espírita Brasileira. II. Título.

                                      CDD 133.9
                                      CDU 133.7
                                      CDE 32.01.01

# SUMÁRIO

Apresentação .................................................. 9
Introdução ..................................................... 13
Um ser humano ................................................. 18

### PARTE 1
### CAUSAS

Mente insana ................................................... 20

1  O ser espiritual ............................................ 23
2  Lei de Causa e Efeito ....................................... 27
3  Reencarnação ................................................ 33
   3.1  Tendências inatas ...................................... 34
   3.2  Conteúdos psíquicos inatos ............................. 35
   3.3  Alterações perispirituais .............................. 35
   3.4  Predisposição às obsessões ............................. 36
4  Perispírito ................................................. 38
   4.1  Modificações genéticas ................................. 41
   4.2  Alterações biológicas .................................. 42
   4.3  Predisposição às obsessões ............................. 43
5  Genética e família .......................................... 46
6  Alterações biológicas ....................................... 51
   6.1  Alterações estruturais ................................. 52
   6.2  Alterações funcionais .................................. 53

7 Fatores ambientais ..................................................................61
8 Aspectos psicológicos ............................................................66
    8.1 Estrutura da psique ..................................................... 68
    8.2 Inconsciente na perspectiva da reencarnação .............. 71
    8.3 Período gestacional ..................................................... 73
    8.4 Culpa .......................................................................... 76
    8.5 Perdas ......................................................................... 77
    8.6 Adversidades, neuroplasticidade e a
        subjetividade do ser .....................................................78
9 Interferências espirituais ........................................................81
    9.1 Influências espirituais ..................................................82
    9.2 Mediunidade ...............................................................85
    9.3 Conceito de obsessão ..................................................86
        9.3.1 Ação persistente ..................................................88
        9.3.2 Influência que um Espírito mau exerce
              sobre um indivíduo ............................................. 88
        9.3.3 Caracteres muito diversos ...................................89
    9.4 Tipos de obsessão ........................................................90
    9.5 Expressões da obsessão ................................................91
    9.6 Causas e mecanismos das obsessões .............................96
10 Algumas interfaces ..............................................................102
    10.1 Os tipos de obsessão e as síndromes psiquiátricas ..... 102
    10.2 A obsessão pode gerar alteração biológica ................ 106
    10.3 Alterações biológicas podem favorecer a obsessão .... 107
11 A doença como tarefa .........................................................110
12 A doença como aprendizado ..............................................113
13 A doença como saúde .........................................................116
14 Crianças, adolescentes e transtornos mentais ..........119
    14.1 O desenvolvimento do ser segundo o Espiritismo .... 120

14.2 O período infantojuvenil como momento de suscetibilidade ............ 122
14.3 A criança como um sintoma familiar ............ 123
14.4 Vínculos com os pais ............ 124
14.5 Carga reencarnatória ............ 125

## PARTE 2
## CASOS

RENASCENÇA DA ALMA ............ 128

1 Do campo de batalha à esquizofrenia ............ 130
2 Quando a integralidade permite tranquilidade ............ 136
3 Dois casos de catatonia ............ 139
4 Perda, conversão e subjugação ............ 143
5 Outras formas de poder... E de perder ............ 147
6 Sessenta anos depois... E os mesmos conflitos ............ 151
7 Do vazio à vampirização ............ 156
8 Crueldade nata e a presença da lei ............ 159
9 Depressão, inquisição e fragilidade familiar ............ 162
10 *Status epilepticus* e a presença do obsessor ............ 165
11 Uma moeda com uma só face ............ 168

CONCLUSÃO ............ 171
ÍNDICE GERAL ............ 174
REFERÊNCIAS ............ 184

# APRESENTAÇÃO

Foi com alegria que recebi o convite do Dr. Leonardo Machado para fazer a apresentação de seu livro. É muito animador ver um psiquiatra espírita escrevendo sobre transtornos mentais, ainda mais quando sua obra está devidamente embasada tanto nos conhecimentos espíritas quanto nos conceitos da psiquiatria atual.

Estamos definitivamente na era do Espírito e a psiquiatria do século XXI não poderá furtar-se de incluir a alma em suas futuras classificações diagnósticas e tratamentos, até porque os transtornos mentais nascem na alma e se expressam no corpo físico, são manifestações de enfermidades "no cérebro" e não "do cérebro".

No modelo científico materialista, o cérebro é a pessoa, uma mera manifestação do funcionamento físico-químico das células físicas ou dos neurônios. Esse pensamento tem norteado o entendimento da psiquiatria atual de tal maneira, que a própria psicoterapia tem perdido crédito em alguns contextos. No momento, valem mais as pesquisas em torno das medicações, que reconhecemos de inegável valor, mas que, no entanto, têm servido para muitos profissionais deixarem de lado a relação médico-paciente e buscarem um diagnóstico a qualquer custo. Os próprios pacientes já chegam à consulta com determinadas pesquisas na *internet*, visando "facilitar" para o médico o melhor tratamento medicamentoso que lhe será mais indicado. É o paradigma materialista que ainda impera em nossos dias.

No século XIX, as teorias psicopatológicas retiraram o Espírito de suas cogitações. Tanto a Medicina quanto a Psicologia trabalharam para localizar a mente no campo biológico. Emil Kraepelin (1856–1926), pai da Nosologia Psiquiátrica, referia que as doenças psiquiátricas são principalmente causadas por desordens genéticas e biológicas. Outros autores continuaram essa tradição psicopatológica, a começar por Sigmund Freud,[1] que asseverou ser a religião a neurose obsessiva da Humanidade. Anteriormente Pierre Janet[2] já havia apresentado suas teorias da dissociação mental histérica e dos automatismos psicológicos, em que ele situa a mediunidade como uma expressão patológica do psiquismo humano.

---

[1] FREUD, Sigmund. *O futuro de uma ilusão*. Vol. XXI. In: *Edição standard das obras completas de Sigmund Freud*.
[2] JANET, Pierre. *L'Automatisme Psychologique*.

A verdade é que mediunidade não é sinônimo de patologia mental. Ao contrário, temos evidências de que indivíduos médiuns têm apresentado níveis de saúde mental superiores aos da população comum, em muitos casos.

A construção de uma psiquiatria integral pede que se devolva a "alma" à Psiquiatria (*psique* = alma, *iatria* = medicina). Não podemos conceber a Medicina da alma, *sem alma*. Esse retorno do Espírito à Medicina e, particularmente à Psiquiatria, indicará novos rumos de entendimento e soluções para o ser humano em sua problemática emocional, atualmente tão sofrida. As construções da Psiquiatria comum não devem ser descartadas, mas acrescidas dessa contribuição fundamental do conhecimento das Leis Espirituais. Para isso são necessários muitos estudos e pesquisas consistentes no terreno da ciência e também livros que tratem do tema com propriedade.

O Dr. Leonardo faz isso de forma natural em sua obra *Transtornos psiquiátricos – Um olhar médico-espírita*, livro de leitura fácil, ainda que percorrendo o território de assuntos complexos. Essa é uma das virtudes do autor: consegue trazer essa temática potencialmente complicada para o entendimento do público geral, não necessitando ser estudioso da área para compreender seus conceitos.

Na primeira parte do livro, ele situa o campo das causas dos transtornos mentais, fala das causas profundas ou espirituais, pois não há como entender a manifestação de um transtorno mental sem adentrar o universo do Espírito. Já na segunda parte do livro, o autor facilita o assunto por meio de casos, o que favorece muito a compreensão do tema e torna mais rica a leitura.

Como médico-espírita, sinto-me feliz em apresentar o Dr. Leonardo Machado e sua obra, na certeza de que trará bons frutos a todos nós, até porque já nasceu com corpo e alma.

Boa leitura!

**Sérgio Luís da Silva Lopes**[3]
*Pelotas (RS), 30 de agosto de 2019.*

---

[3] N.E.: É médico psiquiatra e presidente da Associação Médico-Espírita de Pelotas-RS.

# Introdução

## Saúde e doença

Pensamos por intermédio do sangue, ou do ar, ou do fogo? Ou não é nada disso e, sim, o cérebro proporciona os sentidos da audição, da visão, do olfato, e deste provém memória e juízo, e, da memória e do juízo, adquirida a estabilidade, nasce a ciência com base nas sensações?

Sócrates (*no diálogo Fédon, de Platão*)[4]

Imagine uma casa.[5]
Dentro dela, certo dia, formou-se uma poça de água no chão. Seus moradores, preocupados, saem a enxugar o piso.

---

[4] PLATÃO. *Diálogos*. Seleção, introdução e tradução direta do grego por Jaime Bruna.
[5] Nota do autor: Baseado em uma história contada pelo médico e amigo Alberto Ribeiro de Almeida. Aqui, naturalmente, adaptada ao sabor de nossas interpretações e ampliações.

Em pouco tempo, deixam o local seco e, felizes com o resultado, pensam ter solucionado o problema.

Momentos depois, verificam que nova poça se forma. Consternados, supreendem-se quando um deles deixa de olhar para baixo e constata que uma goteira, ocasionada por uma rachadura no teto era a responsável por aquele ressurgimento.

Prestamente, pegam uma escada e passam a consertar o telhado.

Por longos anos, os moradores da casa não serão mais perturbados por aquele acúmulo de água dentro da residência.

Aos poucos, o somatório de ventania de tempestades faz com que novamente as telhas se quebrem e nova rachadura surja.

\*\*\*

No entendimento do binômio saúde-doença, várias visões são possíveis e, consequentemente, diversas abordagens terapêuticas aplicáveis.

Dessa maneira, tendo como base a análise do adoecimento neuropsiquiátrico, a partir de uma visão espiritista, pode-se interpretar a metáfora exposta.

Em um primeiro nível, a poça de água representa a sintomatologia, que é visível.

E o ato de enxugar, em certa medida, diz respeito aos tratamentos biológicos sintomáticos que não remontam às causas.

No segundo nível, a rachadura simboliza as alterações fisiopatológicas e, igualmente, as modificações perispirituais e as obsessões.

Consequentemente, o conserto do teto indica a terapêutica médica que visa cessar as causas biológicas, bem como a assistência espiritual, que procura modificar o perispírito e as interferências externas.

No terceiro nível, a tempestade sinaliza, em uma ótica mais física, as etiologias psicossociais, e, em um parâmetro mais transcendente, o porquê que jaz no íntimo do Espírito.

Sendo assim, fazer cessar as chuvas e a ventania seria o objetivo das psicoterapias, bem como da reforma íntima.

***

Em uma primeira avaliação, pode-se pensar que os dois primeiros níveis de abordagem estão errados, já que somente o terceiro logra ir às causas fundamentais.

Contudo, todas as três instâncias têm a sua importância, tanto no tratamento, quanto no entendimento da etiologia do adoecimento.

É extremamente difícil conseguir pensar em alguma reforma interior no momento em que se está acometido por uma forte dor de cabeça, qual se estabelece em uma crise de migrânea. Assim, tratando-se o sintoma, pode-se ponderar acerca de si mesmo.

Do mesmo modo, é complicado acessar o pensamento desagregado de quem está em surto psicótico sem antes regular os neurotransmissores que ocasionam a perturbação. Dessa forma, abordando-se a fisiopatologia biológica, tenta-se avançar nos porquês mais abstratos.

Por isso mesmo, para a Doutrina Espírita, é preciso ter uma visão do todo e uma abordagem integral, já que o homem é um ser biopsicossocioespiritual.

Até porque, mesmo que se cesse a tempestade, permanecerão as rachaduras e a poça, caso estas não sejam devidamente contempladas com o auxílio.

É bem verdade que a água evaporará. Até lá, no entanto, pode-se aliviar o sofrimento de um modo mais rápido.

A rachadura no teto demorará muito tempo para poder se recompor, ou mesmo não o fará, necessitando do auxílio de plantas que cresçam e encubram a fenda. Essa comparação pode ser entendida com a situação de um Acidente Vascular Encefálico (AVE), no qual a alteração isquêmica cerebral não desaparecerá e o paciente, para poder recuperar a função daquela área, precisará formar novos circuitos cerebrais que supram a necessidade. Ou, então, de uma lesão vascular qualquer que deixe de levar sangue para determinado órgão. Para que este não morra, será necessária a formação de vasos colaterais que o irriguem.

***

É com esse intuito que nasce este livro. Procurando apresentar a visão integral proporcionada pela Doutrina Espírita, não pretende negar o auxílio da Medicina no campo da Neuropsiquiatria. Pretende, unicamente, mostrar um outro olhar no entendimento dos transtornos mentais.

Por isso mesmo, pode-se dizer, da mesma forma questionadora por que Sócrates investiga o cérebro e o pensamento, que estas páginas estudam a mente e o seu adoecimento. Ou seja, sem pretender dar a última palavra, levanta outras possibilidades, muitas vezes ignoradas pelos cientistas e negligenciadas pelos religiosos.

Leonardo Machado
*Recife (PE), 30 de agosto de 2019.*

# Um ser humano

Um dia desejei ser poeta,
Até que, em um instante,
Decidi pela música optar.
Porém, a musicalidade distante
Que o bater do coração projeta
A Medicina me fez almejar.

Mais tarde, nas Ciências Médicas,
As intricadas redes neuronais,
Encerrando belezas teatrais,
Fizeram-me ir às mentes enciclopédicas.

Hoje, à poesia orquestral,
Da oratória à saúde mental,
Encontro-me ligado,
E à beleza da vida,
Profundamente, conectado.
Pois sou embate, e na lida...
Um ser humano!

**Leonardo Machado**

# PARTE 1
# CAUSAS[6]

---

[6] Nota do autor: A título de esclarecimento, a Psiquiatria é uma especialidade médica. Para ser psiquiatra, portanto, o indivíduo precisa, antes, formar-se médico e, posteriormente, realizar a residência médica em Psiquiatria, por mais três anos. No Brasil, o curso de Medicina dura seis anos e a residência médica, mais três anos.

# Mente insana

Não quero que me veja como um assassino
Apenas um coração que está a ponto de explodir
Deixando vestígios de lágrimas com sangue
O ódio e o amor que me vêm a sucumbir

O pranto que estrondeia a vila inteira
Um sorriso que invade a multidão
Dentro de um corpo manifesta
Contrasta a alegria, a solidão

Violentas palavras atravessam paredes
Pois tijolos não conseguem reter
A força do som da laringe
Os alcança e faz-me vencer

Dormiste acordado outra vez
Pois a mente não se acalma
O presente, o passado e o futuro difundem em sua alma.

Queria me ver sorrindo
Como criança que vai ao circo
Porém, se eu chorar novamente
Beberei minhas lágrimas caindo
Mente insana! Mente insana!

Comanda essa mente, algo quase indefinível
Tirá-la de mim, parece impossível

Aparece todo dia, algo constante e ativo
Repete meu tempo, Transtorno Obsessivo-Compulsivo

Manias paranoicas aparecem toda hora
Insistem em ficar e nunca vão embora
Confiro os objetos, estão todos em ordem
Mas, preciso ver de novo, parece que eles se movem

Vede as pessoas, estão te olhando!
Ficaste imaginando, o que eles estão pensando?
Parem com isso! Estão nos atormentando

Cenas de suicídio aparecem de repente
Até uma grande empresa surgiu em minha mente

Já fui o melhor músico e era um grande
escultor... Já fui cineasta e até professor.

Andei por todos os caminhos, por todas as estradas
Apesar de ser tudo, ainda não pude ser nada.

Chegou toda euforia, em ação e amor
Adicionadas ao ódio, angústia e dor
Estão explodindo! Transtorno Bipolar do Humo

A casa me parece tão cheia, apesar de estar vazia,
pois você me acompanha, senhorita Schizophrenia
Enquanto vivo, prossigo uma luta que não cansa
Obstáculo abstrato psíquico
Mortífera mente insana.

NEDSON SOARES MACHADO
*Rio de Janeiro*[7]

---

[7] Nota do autor: Poema constante no livro *Arte de viver:* poesias e pinturas. Esse livro foi o resultado da quarta edição do "Concurso Nacional de Pintura e Poesia Arte de Viver", que selecionou obras produzidas por pacientes psiquiátricos e transplantados.

# 1 O SER ESPIRITUAL

*[...] os Espíritos não são senão as almas dos homens despojadas do invólucro corpóreo.*[8]

Para a Doutrina Espírita, o Espírito é um ser inteligente do Universo e, portanto, o elemento fundamental do homem. Para o Espiritismo, o homem é um Espírito que possui um corpo. E o Espírito é entendido como a junção da alma com o perispírito, conforme se verá adiante. É dele, assim, ou mais precisamente da alma — "foco da consciência e da personalidade"[9] —, que surgem as consequências exteriorizadas em saúde ou doença. Criado por Deus sem conhecimentos ou grandes complexidades, partilha de um elemento divino em sua constituição. A depender, porém, das escolhas que tome, deixará que essa luz se exteriorize ou fique acobertada pelo grau de complexos inferiores que desenvolva.

---

[8] KARDEC, Allan. *O livro dos médiuns*, 1ª pt., cap. 1, it. 2.
[9] DENIS, Léon. *Depois da morte*, cap. 24.

Dessa maneira, as perturbações que afetam a essência espiritual da criatura, aqui considerada como a própria individualidade, vão se exteriorizar, mais cedo ou mais tarde, em sintomas doentios. Do mesmo modo, o bem-estar que permeia o interior de cada indivíduo surgirá, oportunamente, em saúde total. Pode-se chamar, didaticamente, de *saúde total* quando corpo e Espírito gozam de saúde. Essa não é uma nomenclatura oficial, apenas didática, utilizada por este autor.

Às vezes, pessoas profundamente em paz passam por doenças, que podem ser resquícios do passado recente ou remoto. Ver-se-á à frente. Contudo, transbordam um bem-estar real que contagia os circunvizinhos, denotando que são saudáveis, embora estejam momentaneamente doentes. Pode-se chamar, didaticamente, esse estado de *saúde parcial* — o corpo doente, porém o Espírito saudável. Essa também não é uma nomenclatura oficial, apenas didática, utilizada por este autor. Mais tarde, quando a fumaça baixar, a saúde total aparecerá.

O contrário também acontece. Indivíduos sem nenhum compromisso ético, ou em grande conflito mental, parecem não adoecer. Mas, também aí, gozam somente de uma saúde parcial. No entanto, inversamente, têm o "eu" espiritual adoecido, mesmo que o corpo esteja sem sinais mórbidos. Futuramente, porém, adentrarão, se não virarem o jogo, em uma doença total. Didaticamente, *doença total* — atinge o Espírito e o corpo a um só tempo. Essa não é uma nomenclatura oficial, apenas didática.

Na realidade, esses aparentes paradoxos em que se vive são frutos de um viés de visão — *enxergamos apenas uma fotografia do* script *do ser.* Por isso, o que se chama de vida o Espiritismo vê como uma existência, ou seja, um instante dentro da real vida do Espírito imortal. Dessa forma, sai-se de tal erro.

Tendo essa visão, o Espiritismo não nega a importância de outros setores no binômio saúde-doença.[10] Porém, verifica que o único determinismo espiritual do ser é a perfeição, assim como o material é a morte biológica, a qual, em última análise, é uma transformação, já que os elementos constitutivos do corpo dão origem a outras substâncias.

Dessa forma, o meio ambiente só lograr gerar síndromes se provocar perturbações no indivíduo. Até mesmo processos infecciosos não afetam igualmente todos os que entram em contato com o gérmen, mas somente os suscetíveis, pelos mais variados motivos. Do mesmo modo, o corpo. Isso não invalida a importância do biológico. Contudo, para o Espiritismo, mesmo sabendo que o corpo tem grande influência sobre o ser humano, é o ser espiritual o maestro que o rege.

---

[10] Nota do autor: Como se perceberá ao longo destas páginas.

Geradas essas alterações psíquicas,[11] chega-se ao patológico. Assim, para a Doutrina Espírita toda doença tem um fundo espiritual,[12] sobretudo a mental, já que passa pelas entranhas do Espírito imortal.

\*\*\*

*[...] na retaguarda dos desequilíbrios mentais [...], tanto quanto por trás de enfermidades psíquicas clássicas, [...] permanecem as perturbações da individualidade transviada do caminho que as Leis Divinas lhe assinalam à evolução moral.*[13]

---

[11] Nota do autor: Não se sabe ao certo o que é a mente, o que é o psíquico. Para a Doutrina Espírita, no entanto, ela não é somente consequência dos neurônios. Enquanto o ser está ligado à matéria, ela passa pelo corpo, mas não é ele. Assim, ela está muito mais vinculada ao ser espiritual. Não se sabe, entretanto, se ela é um departamento específico do Espírito ou se é ele como um todo — tal especificação parece ser, ainda, por demais profunda para o nosso conhecimento.

[12] Nota do autor: Mais à frente, neste livro, iremos levantar algumas exceções a essa regra geral. Vivendo-se na Terra, com muitas variáveis materiais, é natural que surjam, na vida do indivíduo, afecções que guardam muito maior relação com o biológico.

[13] XAVIER, Francisco Cândido. *Mecanismos da mediunidade.* Cap. 24.

# 2 Lei de Causa e Efeito[14]

> *O destino do ser não é mais do que o desenvolvimento, através das idades, da longa série de causas e efeitos gerados por seus atos.*[15]

Para entender a relação Espírito-matéria nos encadeamentos que existem entre as várias vidas, bem como dentro da mesma existência, é preciso compreender a Lei de Causa e Efeito — os fatos estão interligados entre si, um gerando o outro, assim, sucessivamente.

Dessa forma, Deus não é um castigador ou recompensador, mas o legislador que, ao fazer a lei, deixa que esta comande a ordem universal. Não se fala em termos de pecado ou de privilégios, mas de consequências.

Para o Espiritismo, é esta a lei que rege o destino das criaturas. E, também no binômio saúde-doença, ela tem importância capital.

---

[14] Nota do autor: Alguns aspectos deste capítulo podem ser encontrados no livro deste autor *Os últimos dias de Sócrates*, pela editora da Federação Espírita do Rio Grande do Sul.
[15] DENIS, Léon. *O problema do ser, do destino e da dor.* Cap. 13.

\*\*\*

No departamento das ciências exatas, encontra-se o princípio desse conceito. Isaac Newton (1687),[16] em sua terceira lei da física, foi quem o expressou ao dizer que toda ação provoca uma reação de igual intensidade, mesma direção e em sentido contrário.

Entretanto, essa Lei de Ação e Reação não é sinônimo da de causa e efeito, mas somente um gérmen. E é necessário entender isso para não se gerar generalizações simplistas na análise da gênese das síndromes médicas.

Expliquemos...

A terceira lei newtoniana está para a física, enquanto a causalidade é uma lei moral. Aquela vale para objetos; esta, para pessoas.

A Lei de Ação e Reação se vincula mais, no plano da moralidade, ao *Código de Hamurabi*,[17] que foi restituído pelo legislador hebreu, Moisés, na parte civil de seus ensinamentos, ao falar do "olho por olho, dente por dente". Por outro lado, a Lei de Causa e Efeito liga-se mais ao princípio do carma[18] hindu e budista.

---

[16] Nota do autor: Em seu livro *Philosophiae Naturalis Principia Mathematica*.

[17] Nota do autor: Um dos mais antigos conjuntos de lei escritos na história da Humanidade. Foi encontrado na Mesopotâmia. Um de seus pontos era a Lei de Talião.

[18] Nota do autor: Carma, em sânscrito, significa ação ou trabalho. Pode-se ter um carma bom ou ruim, de acordo com as ações que o produzem. Para maiores informações vide: YÜN, Hsing. *Budismo — significados profundos*. Trad. de Luciana Franco Piva. 7. ed. São Paulo: Editora de Cultura, 2007.

A Lei de Ação e Reação existe numa esfera do determinismo, efetuando-se em um nível linear e tirando a responsabilidade individual; enquanto que a Lei de Causa e Efeito levanta possibilidades e probabilidades,[19] efetivando-se em termos de maior complexidade e mostrando que cada um é responsável pelos seus atos.

Nesse sentido, entende-se o ensinamento de Jesus — "Ai do mundo por causa dos incitamentos ao pecado; *é necessário* que venham esses incitamentos, mas ai do homem por quem eles vierem".[20] Interpretando-se a palavra *necessário* como algo muito provável, tendo-se em vista o lado ainda muito inferior da Humanidade, compreende-se que, embora possa ser muito provável, o erro não é aceitável, e por isso, aquele que foi o seu agente precisará arcar com as consequências.

\*\*\*

Nessa perspectiva, para a Doutrina Espírita, a Lei de Ação e Reação, e consequentemente, a de talião, traz um embrião de verdade e de justiça. Porém, com a Lei de Causa e Efeito tem-se a complementação do amor e a sublimação da Misericórdia Divina.

Por isso, no Evangelho, encontra-se a passagem de Jesus falando a Pedro — "todos os que lançam mão da

---

[19] A esse respeito, leia-se a fala de Léon Denis em seu supracitado livro, também no mesmo capítulo 13 — "a cadeia onipotente das causas e dos efeitos desenrola-se em mil anéis diversos".
[20] *Mateus*, 18:7.

espada à espada perecerão".[21] Porém, anteriormente, o próprio Cristo havia advertido — "embainha tua espada".[22] Assim, captando a essência dessa mensagem cristã, o Apóstolo, mais à frente em sua vida, escreveria em sua epístola — "o amor cobre multidão de pecados".[23,24] Por exemplo, com a Lei de Ação e Reação, alguém que tivesse sido homicida em uma existência, necessariamente teria que morrer assassinado na subsequente. Com a Lei de Causa e Efeito, porém, esse indivíduo teria uma grande probabilidade de desencarnar dessa maneira, já que deverá ter angariado vários inimigos que o desejariam matar por vingança; no entanto, poderia morrer de várias formas outras, sobretudo traumáticas.

Na primeira situação, o algoz vira instrumento para ser efetivada a Lei de Deus. O Criador, no entanto, não necessita da intercessão humana para fazer valer a Lei de Causa e Efeito. Com a segunda visão, algoz e vítima se confundem e, somente quando o amor impera, o ciclo vicioso se interrompe.

\*\*\*

---

[21] *Mateus*, 26:52.
[22] *Mateus*, 26:52 e *João*, 18:11.
[23] I *Pedro*, 4:8.
[24] Nota do autor: Também nesse sentido é que no livro bíblico de *Ezequiel*, 33:11, encontra-se "[...] não tenho prazer na morte do perverso, mas em que o perverso se converta do seu caminho e viva [...]".

Abaixo, o quadro resume os principais tópicos deste capítulo.

| Ação e Reação | Causa e Efeito |
|---|---|
| Ciência – Isaac Newton – 3ª Lei – "Toda ação provoca uma reação de igual intensidade, mesma direção e em sentido contrário." | Espiritismo – "O destino do ser não é mais do que o desenvolvimento, através das idades, da longa série de causas e efeitos gerados por seus atos." – Léon Denis "A cada um segundo suas obras."[25] |
| Lei de Talião – Código de Hamurabi – Lei Civil de Moisés – "Olho por olho, dente por dente". | Carma – Hindus e budistas |
| Determinismo Linear | Probabilidades e complexidade – "A Cadeia onipotente das causas e dos efeitos desenrola-se em mil anéis diversos." – Léon Denis |
| Retira a responsabilidade – "Olho por olho e o mundo acabará cego." – frase atribuída a Mahatma Gandhi | Inclui a responsabilidade – "Ai do mundo por causa dos incitamentos ao pecado; é inevitável que venham esses incitamentos, mas ai do homem por quem eles vierem." – Jesus |
| Princípio de Verdade e de Justiça – "quem com a espada fere com a espada será ferido." – Jesus | Complementação do amor – "O amor (caridade) cobre uma multidão de pecados." – Pedro "Pedro, embainha tua espada." – Jesus |
|  | Sublimação pela Misericórdia Divina |
| Para as coisas | Para os seres |

---

[25] Nota do autor: Fala encontrada em diversas partes da *Bíblia*, como: *Jó*, 34:11; *Salmos*, 28:4 e 62:12; *Provérbios*, 24:12; *Jeremias*, 32:19; *Oseias* 12:2; *II Timóteo*, 4:14; *Apocalipse*, 22:12.

\*\*\*

Por isso vale lembrar o ensinamento de Jesus transcrito por Humberto de Campos:

*Se nos prendemos à lei de talião, somos obrigados a reconhecer que onde existe um assassino haverá, mais tarde, um homem que necessita ser assassinado; com a Lei do Amor, porém, compreendemos que o verdugo e a vítima são dois irmãos, filhos de um mesmo Pai. Basta que ambos sintam isso para que a fraternidade divina afaste os fantasmas do escândalo e do sofrimento.*[26]

\*\*\*

*Os nossos atos e pensamentos traduzem-se em movimentos vibratórios, e seu foco de emissão, pela repetição dos mesmos atos, transforma-se, pouco a pouco, em poderoso gerador do bem ou do mal. O ser classifica-se assim a si mesmo pela natureza das energias de que se torna centro irradiador [...].*[27]

---

[26] XAVIER, Francisco Cândido. *Boa nova*. Cap. "A lição a Nicodemos".
[27] DENIS, Léon. *O problema do ser, do destino e da dor*. Cap. 19.

# 3 REENCARNAÇÃO

*[...] por virtude do axioma segundo o qual* todo efeito tem uma causa, *tais misérias são efeitos que hão de ter uma causa e, desde que se admita um Deus justo, essa causa também há de ser justa. Ora, ao efeito precedendo sempre a causa, se esta não se encontra na vida atual, há de ser anterior a essa vida, isto é, há de estar numa existência precedente.*[28]

Como consequência direta da Lei de Causa e Efeito, tem-se a reencarnação. Tal crença é bastante antiga. Por muitos, era chamada de palingenesia. Encontramo-la nas mais antigas civilizações, como os egípcios e os druídas; em vários pensamentos filosóficos, como em Pitágoras, em Sócrates e em Platão; nas mais diversas tradições religiosas, como no Hinduísmo, no Budismo e em muitas visões dentro do Judaísmo; e, segundo a visão espírita, dentro do próprio Cristianismo. Além disso, tem sido alvo de intensas investigações científicas, sobretudo a partir do pioneiro Dr. Ian Stevenson. Segundo esse

---

[28] KARDEC, Allan. *O evangelho segundo o espiritismo*. Cap. 5, it. 6.

conceito, os seres têm diversas existências e, portanto, a alma preexiste ao berço.

Neste sentido, para a Doutrina Espírita, considerar um passado remoto na gênese das doenças é de grande importância, sobretudo porque este tem grande peso na balança da atualidade do indivíduo.

Isso porque o estilo de vida que se teve em uma encarnação pretérita, com os seus atos e pensamentos praticados, impregna as profundezas do inconsciente do ser,[29] e, por conseguinte, repercute na vida atual.

Essa repercussão pode se manifestar de diversas formas:

### 3.1 Tendências inatas

Por exemplo, alguns indivíduos com transtornos de personalidade parecem já manifestar, desde crianças, hábitos desajustados.

Assim, psicopatas, em geral muito cedo, demonstram crueldade, manipulação e desrespeito para com regras, sendo enquadrados, enquanto jovens,[30] como tendo transtorno de conduta.

Frequentemente, são Espíritos que, por diversas vezes, viveram como *foras da lei*, assassinos ou situações

---

[29] Nota do autor: Como se verá no capítulo 8, na parte "Inconsciente na perspectiva da reencarnação".

[30] Nota do autor: Os diagnósticos de transtornos de personalidade são feitos a partir de 18 anos, momento, mais ou menos arbitrário, em que se considera que o caráter do ser está formado.

similares. Assim, o passado parece ficar muito presente em seus psiquismos. Ocasionalmente, cenas do ontem ressurgem no momento do sono, como resultado da liberação de conteúdos do que se chama de *id*.[31]

## 3.2 Conteúdos psíquicos inatos

Além de tendências mais fortes, muitas vezes o ser carrega conteúdos mentais sutis, como sentimentos de culpa, fobias, angústias e tristezas que parecem estar presentes desde tenra idade sem que se encontrem para isso causas plausíveis no período gestacional ou na infância.

Algumas pessoas que sofrem de distimia[32] costumam relatar que se sentem tristes desde que se lembram; outros verbalizam que já nasceram com tristeza e angústia.

## 3.3 Alterações perispirituais[33]

Em diversas ocasiões, as perturbações que o ser carrega em si são tão intensas que geram modificações horrendas em seus corpos espirituais. Estas, por sua vez, irão proporcionar alterações biológicas no futuro.

---

[31] Nota do autor: Classificação proposta pelo neurologista e pai da psicanálise, Sigmund Freud. Essa instância do ser é inconsciente e, regida pelo princípio do prazer, fala dos mais profundos desejos da individualidade.

[32] Nota do autor: Doença psiquiátrica que se caracteriza por uma perturbação do humor com sintomas depressivos relativamente leves, porém, que existem, no mínimo, por mais de dois anos.

[33] Nota do autor: Falaremos mais sobre esse ponto no próximo capítulo

Assim, em reiteradas vezes, a alienação mental durante a vida física é somente reflexo da alienação espiritual em que se vivia.

## 3.4 Predisposição às obsessões[34]

A Doutrina Espírita revelou que a influência desarmônica que um Espírito exerce em outro, ou muitas vezes mutuamente, é um fator a se considerar na base de muitos fenômenos da Humanidade, inclusive na etiologia das doenças.

Observa-se, assim, que grande parte de processos obsessivos que se instalam em doenças mentais graves guardam suas origens mais profundas em erros de existências passadas, e, às vezes, bem remotas.

Desse modo, as encrencas construídas no pretérito, bem como as tendências e os conteúdos psíquicos inatos, são grandes fatores de risco, predispondo a instalação da obsessão.

\*\*\*

Como seja, de uma ou de outra forma, percebe-se, com a visão espiritista, que a reencarnação é um fator de grande importância no entendimento das causas do adoecimento, sobretudo em transtornos neuropsiquiátricos graves.

---

[34] Nota do autor: Abordaremos o assunto da obsessão com maiores detalhes posteriormente.

***

> *O Espírito sofre, quer no mundo corporal, quer no espiritual, a consequência das suas imperfeições. As misérias, as vicissitudes padecidas na vida corpórea, são oriundas das nossas imperfeições, são expiações de faltas cometidas na presente ou em precedentes existências. Pela natureza dos sofrimentos e vicissitudes da vida corpórea, pode julgar-se a natureza das faltas cometidas em anterior existência, e das imperfeições que as originaram.*[35]

---

[35] KARDEC, Allan. *O céu e o inferno*. 1ª pt., cap. 7 - *Código penal da vida futura*.

# 4 Perispírito

*O perispírito representa importantíssimo papel no organismo e numa multidão de afecções, que se ligam à Fisiologia, assim como à Psicologia.*[36]

Para a Doutrina Espírita, existe um envoltório ligado à alma que lhe dá forma e guarda profunda relação com ela. A existência desse envoltório é falada desde há muito por várias tradições culturais. Paulo de Tarso o chamou de corpo espiritual, ou corpo incorruptível. André Luiz, por meio de Chico Xavier, deu o codinome de psicossoma. Recentemente, o pesquisador Hernane Guimarães Andrade o denominou de modelo organizador biológico — MOB. Igualmente, no seu livro *A gênese*, cap. 1, it. 39, Kardec o intitulou de corpo fluídico da alma ou períspirito, comparando-o ao perisperma que envolve o gérmen dos frutos; e verificou que, por meio dele, se dão vários adoecimentos.[37]

---

[36] KARDEC, Allan. *A gênese*. Cap. 1, it. 39.
[37] Nota do autor: Leia-se a citação introdutória.

Conforme as visões da Codificação Kardequiana e de Léon Denis, ele é inseparável da alma e forma junto desta o que se chama de Espírito.[38,39] Assim, é um dos elementos que constituem o ser. E, por sua vez, é formado de uma matéria mais sutil,[40] ou energia mais grosseira, para os encarnados, uma matéria mais sutil do que o corpo. Para os desencarnados, uma energia mais grosseira que aquela existente nas entranhas, sendo, por isso, chamado de envoltório semimaterial.

Essa formação tem origem a partir da alma por meio do fluido universal, que, para o Espiritismo, é uma espécie de energia basilar que permeia o Universo e as criações divinas.

Como consequência, cada ser terá uma constituição perispiritual própria, considerando que o fluido cósmico não é homogêneo na psicosfera dos planetas. Além disso, ela não é estática, pois que o psicossoma é extremamente mutável e sensível às influências do ser. Em geral, essas influências acontecem da alma em direção à carne. Contudo, como se falará em capítulos posteriores, o inverso também pode ocorrer.

[38] Nota do autor: Vide *O que é o espiritismo*, cap. 2; *A gênese*, cap. 1, it. 39; *Cristianismo e espiritismo*, Nota complementar nº 9; *Depois da morte*, cap. 24. Todos os livros editados pela FEB.

[39] Nota do autor: Muito embora, com a evolução do ser, o perispírito fique tão etéreo que é como se não existisse, confundindo-se com a própria alma. Vide: *O livro dos espíritos*, q. 186.

[40] Nota do autor: Na época de Kardec, os trabalhos de Albert Einstein sobre a relatividade e a constituição energética da matéria ainda não existiam. Mesmo assim, embora com uma linguagem diferenciada, os benfeitores espirituais e o próprio codificador anteviram essas questões. Vide: *A gênese*, cap. 14, I, notadamente no it. 6.

Isso tem uma grande importância, já que esse corpo espiritual é o agente de transmissão do pensamento originário da alma e laço intermediário entre esta e a indumentária carnal, denominada material.

Salienta-se, outrossim, que, do mesmo modo que o perispírito tem sua origem na essência espiritual, o corpo biológico tem sua formação feita a partir do psicossoma. Por isso, foi denominado de MOB por Hernane Guimarães Andrade.

Nesse sentido, pode-se dizer que ele tem duas esferas. Em uma, é o ponto de registro das existências da criatura, aí sendo o corpo causal da carne. Assim, originará o biológico levando em conta alguns aspectos. Primeiro, as necessidades geradas pela Lei de Causa e Efeito fazendo as demandas evolutivas do indivíduo. Segundo, como consequência direta das alterações perispiríticas já presentes, surgidas por impositivo dessa Lei de Causalidade.

Em outra esfera, o perispírito é o ponto de ligação da alma com a matéria. Aí, tem-se o duplo etérico, que abrange também os eflúvios neuropsíquicos das células, ou halo energético, sobretudo do sistema nervoso.[41]

\*\*\*

---

[41] XAVIER, Francisco Cândido. *Evolução em dois mundos*. Cap. 17; e *Nos domínios da mediunidade*. Cap. 11.

As alterações perispirituais, consequentes à Lei de Causa e Efeito, têm grande importância na etiologia do adoecimento mental. Nesse tipo de doença, especificamente, elas, grande parte das vezes, são geradas em existências pretéritas. Contudo, igualmente, podem ser ocasionadas na atualidade em um passado mais recente. Como seja, poderão gerar transtornos psíquicos através de algumas vias.

## 4.1 Modificações genéticas[42]

Durante a formação do corpo de carne, por meio da reencarnação, alteraram-se os genes, "tijolos" na arquitetura biológica, que poderão vir a se expressar ou não, a depender de vários fatores, mas que, invariavelmente, irão predispor o surgimento de síndromes com a posterior expressão proteica biológica.

Em outras situações, no entanto, as mutações genéticas só acontecerão em período ulterior ao processo reencarnatório. Nesse caso, geralmente, elas irão se expressar em doenças.

Nessa segunda possibilidade, de igual modo, pode-se estar diante de uma pendência oriunda de vidas passadas. A diferença é que, na primeira, fez-se logo o registro genético.

Como seja, do ponto de vista do adoecer neuropsiquiátrico, é lançando mão dos genes que ocorre

---

[42] Nota do autor: Este aspecto será abordado com maiores detalhes adiante.

o chamado planejamento reencarnatório da provável doença.

## 4.2 Alterações biológicas[43]

Às vezes, a transição da perturbação perispiritual para a doença física não se dá por meio dos genes, mas diretamente na carne, por mecanismos ainda mal compreendidos. Também aqui, pode-se estar diante de complicações desta ou de outras existências.

Algumas pessoas, por exemplo, que já estão vivendo dias além do planejado antes de reencarnarem, no que se convencionou chamar de moratória,[44] são acometidas por afecções neuropsiquiátricas graves. Vencedoras em diversos aspectos da vida, têm a chance de sublimarem outras áreas que seriam buriladas em vidas posteriores, saindo, desde já, amplamente vitoriosas, a depender da dinâmica que empreendem no lidar com o adoecimento. Pode-se ter, aí, uma pendência reencarnatória expressada sem a necessidade genética.

Igualmente, em alguns casos de distúrbios que cursam com percepção distorcida da imagem corporal, como a anorexia nervosa e a vigorexia, vê-se no bojo dessas distorções aberrações perispirituais.

---

[43] Nota do autor: Este tópico será abordado com mais detalhes posteriormente neste livro.
[44] Nota do autor: Os motivos de isso acontecer são os mais variados. Muitas vezes, porém, trata-se de indivíduos que guardam grande cota de responsabilidades em seus ombros, cuja ausência física poderia afetar negativamente bastante outras vidas. Tais períodos de acréscimo são vistos como dadivosos por permitirem maior cota de aprendizado. Contudo, há casos em que servem como corretivos.

Assim, pacientes extremamente magras não conseguem ver-se como tal, captando as impressões perispiríticas horripilantes que, em alguns casos dessa doença, existem. Salientam-se alguns casos porque não necessariamente o indivíduo com doenças que afetam a perturbação da imagem corporal ainda permanece com o perispírito deformado no curso de seus distúrbios psiquiátricos. Esses distúrbios também podem ser devidos a reminiscências de perturbações perispirituais no período pré-reencarnatório ou de quando o ser permanecia nas regiões inferiores do Mundo Espiritual. Estes podem ser alguns dos motivos do desequilíbrio de neurotransmissores que vem sendo achado nesses transtornos.

### 4.3 Predisposição às obsessões[45]

As alterações perispirituais, a maior parte das vezes, são concentradas nas áreas que o ser identifica, por um mecanismo não tão óbvio e sobretudo inconsciente, como sendo o motivador de seu sofrimento.

Sendo assim, Espíritos que abusaram da inteligência por meio da astúcia, da crueldade e correlatos, muitas vezes nascem com graves retardamentos mentais. Identificando esse departamento como o motivador de suas quedas morais, geram alterações perispirituais que se traduzirão em modificações

---
[45] Nota do autor: A obsessão será abordada mais a frente.

anatômicas ou funcionais do encéfalo. Não necessariamente foi somente essa área do corpo que os fez cair, no entanto há uma identificação, até mesmo pelo impositivo da lei de atração, que faz surgir um desarranjo nesse setor.

Em outras ocasiões, seres que se mataram com tiros no crânio reencarnam com dolorosas síndromes neuropsiquiátricas. E isso acontece não porque a bala atravessou o corpo e atingiu o perispírito de modo literal/material. Na verdade, a imensa dor projeta no ato suicida e na região afetada a forma de expressar o sofrimento psíquico, gerando a alteração, e até mesmo, a malformação cerebral.

Desse modo, as perturbações do psicossoma ocasionam alterações biológicas específicas, variando muito a maneira de manifestação clínica. E isso devido, no caso das doenças neurológicas e psiquiátricas, às várias regiões cerebrais que podem ser implicadas.

Igualmente, essas fragilidades de áreas-alvo do corpo espiritual, quer se expressando na carne ou não, irão facilitar as interferências obsessivas. E aqui, também, os sintomas variarão bastante.

***

Assim, o perispírito, de uma ou de outra forma, tem papel de destaque na gênese dos distúrbios psiquiátricos. Isso porque é elemento chave na reencarnação, na Lei de Causa e Efeito, na genética e nas obsessões.

\*\*\*

*Para definirmos, de alguma sorte, o corpo espiritual, é preciso considerar, antes de tudo, que ele não é reflexo do corpo físico, porque, na realidade, é o corpo físico que o reflete, tanto quanto ele próprio, o corpo espiritual, retrata em si o corpo mental que lhe preside a formação.*[46]

---

[46] XAVIER, Francisco Cândido. *Evolução em dois mundos*. 1ª pt., cap, 2.

# 5 Genética e família

*Os órgãos são os instrumentos da manifestação das faculdades da alma, manifestação que se acha subordinada ao desenvolvimento e ao grau de perfeição dos órgãos, como a excelência de um trabalho o está à da ferramenta própria à sua execução.*[47]

Os genes são a unidade fundamental da hereditariedade. Eles formam os cromossomos e cada um traz um código distinto que produz determinada proteína responsável por uma característica qualquer (por exemplo, cor dos olhos) ou função específica (por exemplo, receptor de serotonina). É a partir deles que o corpo humano é produzido através dos comandos da herança parental.

Na visão espiritista, porém, esse comando oriundo do material genético herdado dos pais pelo indivíduo sofre subordinação anterior e maior do patrimônio da alma arquivado nas sutilezas perispiríticas, por meio da Lei de Causa e Efeito.

---

[47] KARDEC, Allan. *O livro dos espíritos*. Q. 369.

Daí ser o corpo, de acordo com essa visão, uma consequência do Espírito. Por isso, o pesquisador Hernane G. Andrade ter cunhado para o perispírito o nome modelo organizador biológico — MOB, como já mencionado anteriormente.

Nessa perspectiva, é interessante observar que, para o Espiritismo, o fato de o perispírito ter a energia que atrai o conteúdo genético adequado para a expressão de suas conquistas e de suas perturbações durante a fecundação e, *a posteriori*, na formação do corpo, não exclui o papel dos genitores como doadores dos genes.

Na realidade, a família reúne almas afinadas, simpática ou antipaticamente, para ajuste de contas ou missões. Desse modo, é natural que pais, filhos e irmãos guardem similitudes entre si.

Do ponto de vista físico, essas semelhanças são consequências mais diretas do material genético. Na esfera comportamental, devem-se mais à criação, à convivência e às caminhadas espirituais que já fizeram juntos. No entanto, além disso, a genética do comportamento vem desvendando que os genes também influenciam os mais variados tipos de habilidades e comportamentos. De uma ou de outra forma, as similitudes entre os membros da família falam de semelhanças espirituais.

Às vezes, são Espíritos que erraram juntos, passando por doenças expiatórias semelhantes. Em outras, seres que têm em sua progênie antigas vítimas das quais precisam cuidar para sanar as feridas que causaram. Há, igualmente, situações nas quais indivíduos, portadores de tanto amor, carregam na maternidade uma sublime missão de ajudar aqueloutros irmãos seus da retaguarda.

Como seja, também sob essa ótica, quando um membro da família adoece, toda ela padece.

\*\*\*

As alterações do psicossoma que irão moldar o corpo biológico podem efetivar-se em diferentes momentos e cenários:

Durante a gestação, como resultado da hereditariedade.

Na gestação, por meio de teratogenias e/ou mutações. Essas, é verdade, podem acontecer devido a situações externas, como efeito de tóxicos. Contudo, subjacente a isso, está a necessidade do ser reencarnante.

Pós-natal, através das mutações genéticas.

Na gestação, o problema fala das vidas passadas. Após esta, a encrenca também pode ter sido feita na atual existência do ser.

Em ambas, o momento de as alterações gênicas se expressarem varia bastante. Muito embora no pós--natal, a mutação, por ter sido resultado de uma alteração mais direta e próxima, em geral desemboca com pouco tempo em doença. E essa variabilidade diz respeito a várias influências ambientais, sociais, culturais, ocupacionais, fatores de risco aos quais a pessoa se expõe, estilo de vida físico e mental. Para a Doutrina Espírita, porém, passa pela questão do livre-arbítrio.

O planejamento reencarnatório do qual fala o Espiritismo engloba tudo isso. É, na verdade, sobretudo no capítulo das doenças, particularmente nas mentais, uma linha pontilhada cujo traçado será feito, somente, de acordo com as escolhas do indivíduo.

Isso, porém, no caso de algumas doenças mentais graves, bem como neurológicas, não é tão evidente porque, muitas vezes, a Lei de Causa e Efeito necessita ser tão imperativa, tendo em vista o passado e o perispírito da criatura, que a afecção biológica se impõe.

Eis porque há algumas doenças que servem de prisão para o Espírito. Outras, de exílio. E algumas são extremamente expiatórias, pela dor que trazem.

***

*As leis da genética encontram-se presididas por numerosos agentes psíquicos que a ciência da Terra está longe de formular, dentro dos seus postulados materialistas. Esses agentes psíquicos, muitas vezes, são movimentados pelos mensageiros do Plano Espiritual, encarregados dessa ou daquela missão junto às correntes da profunda fonte da vida. Eis por que, aos geneticistas, comumente se deparam incógnitas inesperadas, que deslocam o centro de suas anteriores ilações.*[48]

---

[48] XAVIER, Francisco Cândido. *O consolador.* Q. 35.

# 6 Alterações biológicas

*Nunca dissemos que os órgãos não têm influência. Têm-na muito grande sobre a manifestação das faculdades, mas não são eles a origem destas. Aqui está a diferença. Um músico excelente, com um instrumento defeituoso, não dará a ouvir boa música, o que não fará que deixe de ser bom músico.*[49]

Para a Doutrina Espírita, as alterações biológicas que se encontram nas diversas enfermidades são causas imediatas consequentes a outras mais profundas, de ordem espiritual.[50] Desse modo, didaticamente, podemos chamar as alterações biológicas de *causas-consequência*.

Isso, porém, não diminui a importância do corpo na origem das doenças, sobretudo do encéfalo no que diz respeito ao adoecimento mental. Apenas leva em conta outros aspectos do ser, além do material.

---

[49] KARDEC, Allan. *O livro dos espíritos*. Q. 372-4.
[50] Nota do autor: Como as que já foram listadas até aqui e ainda serão mais à frente neste livro.

Dessa forma, vale reforçar, o Espiritismo não vai de encontro à Ciência, ao contrário anda ao lado dela no tocante às descobertas louváveis que esta faz. Mas não se detém onde esta para, pois tenta remontar às causas.

\*\*\*

Durante algum tempo, pensou-se que as doenças psiquiátricas não teriam relação tão grande com o cérebro. Na atualidade, contudo, verifica-se que as alterações nervosas são, didaticamente, divididas em duas ordens:

### 6.1 Alterações estruturais

Nesse setor, têm-se modificações observadas em exames de neuroimagem[51] e/ou em estudos da patologia *post mortem* com relativa facilidade.

São, por exemplo, as sequelas de um acidente vascular encefálico; a atrofia cortical de uma demência com certo grau de evolução; e as modificações encontradas em um linfoma do sistema nervoso ou em uma neurotoxoplasmose.

Em geral, esses quadros são encontrados dentro da neurologia. Entretanto, cada vez mais, verifica-se que transtornos eminentemente psiquiátricos também

---

[51] Nota do autor: Tomografia computadorizada ou ressonância magnética.

cursam com alterações na estrutura cerebral, mormente ao longo do tempo de vigência da doença. Dessa maneira, encontram-se cérebros de alguns pacientes esquizofrênicos analisados depois da morte com redução global do volume e do peso, notadamente em áreas temporais e frontais.

## 6.2 Alterações funcionais

Nesse setor, estão colocadas as modificações que não são observadas pelos métodos de imagem convencionais, só sendo vistas, em algumas situações, por exames que mostram o metabolismo cerebral, como tomografias por emissão de pósitron e fóton único (PET/SPECT). Nos últimos tempos, também, tem-se investido na ressonância magnética funcional, que avalia a dinâmica da oxigenação da hemoglobina em resposta à estimulação cerebral. Além disso, o PET/SPECT, igualmente, vem sendo utilizado para avaliar *in vivo* a distribuição de neurorreceptores em resposta à administração de radioligantes. Há também outros exames clássicos, como o eletroencefalograma, que avalia a atividade elétrica cerebral. Englobam, sobretudo, desequilíbrios de neurotransmissores,[52] alterações nos circuitos cerebrais e nas sinapses,[53] desbalanço do metabolismo de glicose ou do fluxo sanguíneo cerebrais,

---

[52,53] Nota do autor: Que estão presentes mesmo com todos os exames complementares normais.

e outros parâmetros sutis, como descargas eletroquímicas.

São, por exemplo, a diminuição de serotonina na depressão; os espasmos dos vasos sanguíneos propostos no mecanismo das enxaquecas; as descargas elétricas que acontecem na epilepsia; mas também a hiperatividade dopaminérgica e a diminuição do metabolismo no córtex pré-frontal na esquizofrenia.

Como se deduz pelo exposto, nos quadros fundamentalmente psiquiátricos, predomina esse tipo de alteração funcional. É preciso entender que, pelo que se sabe na atualidade com a neurociência, o cérebro é toda uma rede de conexões. Não há, portanto, uma parte específica culpada pelo surgimento de um transtorno bipolar, por exemplo. Ao contrário, existe toda uma rede de neurônios implicadas. Contudo, também se encontram doenças classicamente neurológicas que se modelam aqui.

Por tudo isso, e por vários motivos além desses, na atualidade, a Psiquiatria e a Neurologia têm, paulatinamente, conversado mais, antevendo um retorno à Neuropsiquiatria praticada no passado, obviamente com outras perspectivas. O número de pessoas com epilepsia que também possuem doenças psiquiátricas é muito grande, e vice-versa. Igualmente nas cefaleias e em várias doenças, como Parkinson. A demência, por exemplo, é uma síndrome que não pertence exclusivamente a qualquer especialidade médica, fazendo parte da formação tanto de psiquiatras, como de neurologistas e de geriatras — muitas vezes, antes de sintomas cognitivos, apresenta alterações comportamentais importantes, necessitando-se de um diálogo interespecialidades.

O fato, no entanto, é que as alterações cerebrais, quer sejam estruturais ou funcionais, existem nos transtornos mentais. E, assim, necessitam ser consideradas, tanto na abordagem terapêutica, quanto no entendimento etiológico.[54]

\*\*\*

Além disso, o corpo também oferece outras contribuições que se conjugam ao sistema nervoso, especialmente no campo hormonal.

Isso é particularmente verdadeiro quando se analisa a saúde mental da mulher. Esta sofre várias influências hormonais. Tanto é assim que há transtornos específicos do período menstrual, como a disforia pré--menstrual. Além disso, inúmeras doenças sofrem alguma influência negativa nesses momentos.

Em outro estágio, a gravidez é instante de grande sensibilidade para a mulher na esfera psiquiátrica. Durante os meses gravídicos, há aumento da

---

[54] Nota do autor: Vide *O livro dos espíritos*, q. 474: "Muitos epilépticos ou loucos, que mais necessitavam de médico que de exorcismos, têm sido tomados por possessos".

incidência[55] de algumas enfermidades, bem como no pós-parto há surgimento de várias desordens, como depressão e psicose. Às vezes, quadros que dificilmente se resolverão sem tratamento.

Na depressão, também se percebem importantes alterações neuroendócrinas e imunológicas. Por exemplo, deprimidos crônicos sem tratamento possuem nível de cortisol elevado, o qual é neurotóxico.[56] Isso leva a um desbalanço entre os sistemas parassimpático e simpático, com predomínio da ação deste último. Por fim, esse descompasso gera um estado imunológico inflamatório maior, predispondo a várias doenças, como câncer, gerando sintomas depressivos ou piorando tantos outros.

***

*Embora* não pareça ser o caso do adoecimento mental, é importante ter em mente que, no processo evolutivo do planeta, o corpo sofre as consequências naturais do envelhecimento.

Dessa maneira, algumas doenças pontuais parecem ser muito mais periféricas, pelo menos em sua origem, embora possam se somar a pendências da

---

[55] Nota do autor: Medida estatística que fala do número de casos novos em determinado período.
[56] Nota do autor: Ou seja, mata neurônios.

alma aumentando e transformando a perspectiva desse adoecer misto.

É o caso, por exemplo, do crescimento da próstata no sexo masculino. Fala-se que, se todos os homens vivessem cem anos, praticamente todos teriam uma hiperplasia[57] prostática. Entretanto, no caso de uma condição meramente material, esse aumento não traria maiores consequências para o indivíduo.

\*\*\*

Vale considerar, ainda, que muitas situações clínicas — orgânicas, portanto — apresentam-se, primária ou secundariamente, por meio de manifestações psiquiátricas.

Isso é particularmente verdade em idosos. Nessa população, há um capítulo de estudo médico chamado apresentação atípica das doenças, já que muitas vezes desordens, como infecção urinária ou pneumonia, mostram-se por meio de uma agitação psicomotora ou de um estado de prostração incomum.

Às vezes processos expansivos como um tumor cerebral, aumentando a pressão dentro do crânio e mudando a dinâmica neuronal, podem ser o motivo de uma mudança comportamental.

Em outros casos, desbalanços metabólicos podem ocasionar estados de rebaixamento do nível de

---

[57] Nota do autor: Crescimento.

consciência, chamados de *delirium*, e gerar alucinações e outros sintomas psíquicos.

Assim, são várias as doenças, como as que afetam a glândula tireoidiana, que podem manifestar-se por meio de uma síndrome[58] psiquiátrica. Mesmo que nessas situações, segundo alguns, não se esteja diante de uma doença mental propriamente dita,[59] é preciso levar isso em conta a fim de não se cometer atropelos e precipitações nas análises.

\*\*\*

Os benfeitores da Codificação levaram tudo isso em conta na confecção dos livros basilares do Espiritismo.

Nesse sentido, Allan Kardec, falando sobre os casos de retardamento mental,[60] indagou aos Espíritos se os órgãos influenciariam as faculdades. E, obtendo a resposta transcrita no início deste capítulo, escreveu:

> *Importa se distinga o estado normal do estado patológico. No primeiro, o moral vence os obstáculos que a matéria lhe opõe. Há, porém, casos em que a*

---

[58] Nota do autor: Conjunto de sinais aferidos pelo médico e sintomas referidos pelo paciente.

[59] Nota do autor: Levando-se em consideração o sentido mais filosófico e profundo do termo doença mental.

[60] Nota do autor: Atualmente, fala-se de retardo mental leve, moderado, grave e profundo. Na época de Kardec, porém, o termo científico oficial era debilidade mental (leve), imbecilidade (moderado) e idiotia (profundo). Chamou-se uma época, também, de oligofrenia.

> *matéria oferece tal resistência que as manifestações anímicas ficam obstadas ou desnaturadas, como nos de idiotismo e de loucura. São casos patológicos e, não gozando nesse estado a alma de toda a sua liberdade, a própria lei humana a isenta da responsabilidade de seus atos.*[61]

Desse modo, na visão espiritista, a desordem cerebral é tão grande que o contato prolongado com a matéria traz consequências para o Espírito, fazendo com que este, após a desencarnação, continue, por um certo período, sofrendo o constrangimento da ligação com o corpo desalinhado. A isso se soma o próprio desequilíbrio da alma e a perturbação natural que se tem depois do fenômeno da morte.[62,63]

\*\*\*

> *[...] convém não perder de vista que, assim como o Espírito atua sobre a matéria, também esta reage sobre ele, dentro de certos limites, e que pode acontecer impressionar-se o Espírito temporariamente*

---

[61] Nota do autor: Comentário de Allan Kardec à questão 372 de *O livro dos espíritos*.

[62] Nota do autor: Vide a questão 377 de *O livro dos espíritos*: "Depois da morte, o Espírito do alienado se ressente do desarranjo de suas faculdades? Pode ressentir-se, durante algum tempo após a morte, até que se desligue completamente da matéria, como o homem que desperta se ressente, por algum tempo, da perturbação em que o lançara o sono".

[63] Nota do autor: Vide a questão 378 de *O livro dos espíritos*: "De que modo a alteração do cérebro reage sobre o Espírito depois da morte? Como uma recordação. Um peso oprime o Espírito e, como ele não teve a compreensão de tudo o que se passou durante a sua loucura, sempre se faz mister um certo tempo, a fim de se por ao corrente de tudo. Por isso é que, quanto mais durar a loucura no curso da vida terrena, tanto mais lhe durará a incerteza, o constrangimento, depois da morte. Liberto do corpo, o Espírito se ressente, por certo tempo, da impressão dos laços que àquele o prendiam".

com a alteração dos órgãos pelos quais se manifesta e recebe as impressões. *Pode mesmo suceder que, com a continuação, durando longo tempo a loucura, a repetição dos mesmos atos acabe por exercer sobre o Espírito uma influência, de que ele não se libertará senão depois de haver libertado de toda impressão material.*[64]

---

[64] KARDEC, Allan. *O livro dos espíritos*. Q. 375a.

# 7 Fatores ambientais

*São os homens e não Deus que fazem os costumes sociais. Se eles a estes se submetem, é porque lhes convêm. Tal submissão, portanto, representa um ato de livre-arbítrio, pois que, se o quisessem, poderiam libertar-se de semelhante jugo.*[65]

Inicialmente, faz-se mister frisar duas coisas.

Primeiramente, sob a epígrafe de fatores ambientais, aglutinaram-se didaticamente as questões sociais, culturais, sanitárias, históricas e traumáticas. Como, por exemplo, pobreza, miséria, exigências sociais, guerras, maus-tratos e opressão de crianças, de mulheres, de imigrantes, ou de grupos étnicos perseguidos e estigmatizados.

Em segundo lugar, a Doutrina Espírita não é determinista. Nesse sentido, considera esses fatores como muito importantes para o entendimento do ser que adoece mentalmente, porém não como a palavra final para uma condição de adoecimento.

---

[65] KARDEC, Allan. *O livro dos espíritos*. Q. 863.

Dito isso, pode-se colocar a família[66] como um núcleo centralizador pelo qual as influências sócio-histórico-culturais em geral passam até atingir o indivíduo.[67] Isso porque ela própria recebe influenciações importantes. É nela também que se encontram várias situações traumáticas que interferirão no desenvolvimento saudável do ser. Sendo ela, igualmente, o local onde se encontram vários promotores de bem-estar e de crescimento pessoal.

Assim sendo, na Medicina em geral e na Psiquiatria em particular, descreve-se o modelo diátese-estresse para tentar explicar de modo integrativo o surgimento das doenças, considerando-se vários fatores. Por se tratar da ciência convencional, esta não leva em conta fatores como reencarnação, perispírito e influências espirituais. Entretanto, com a visão espírita, pode-se utilizar do modelo e extrapolá-lo considerando essas esferas também. Segundo essa proposta, uma pessoa pode ter determinada vulnerabilidade — chamada diátese — que, ao ser influenciada pelo estressor, permite que a doença se manifeste. A diátese pode ser de ordem biológica — como uma infecção sifilítica, por exemplo, psicológica — morte de um parente próximo, ambiental — uma situação familiar estressante, etc...

---

[66] Nota do autor: Aqui entendida não somente como o núcleo tradicional de pais e irmãos, mas também as várias conformações que esta adquire.

[67] Nota do autor: Obviamente, o indivíduo passará por elas em outros meios de convívio. Sendo que, na família, estas são mais marcantes para o psiquismo do ser.

Além disso, a epigenética[68] aparece aumentando o leque de possibilidades dessa explicação, na medida em que fatores como abuso de substâncias e estresse psicossocial podem alterar a base biológica.[69]

\*\*\*

Por exemplo, o transtorno do estresse pós-traumático tem como pré-requisito a presença de um trauma potencialmente fatal para qualquer pessoa — *assaltos, tragédias naturais, guerras, exposição a violência...*
Sabe-se, igualmente, que o traumatismo crânio-encefálico, mesmo que não deixe sequelas na estrutura macroscópica do cérebro, pode e gera, com certa frequência, doenças mentais. Na mesma linha, seguem-se infecções sifilíticas ou pelo HIV.

Muitas vezes, seguindo essa linha, vê-se que o sofrimento mental de determinado indivíduo é proporcional ao nível de exigência que ele sofre dos pais ou da sociedade em que vive. Por exemplo, pessoas com retardo mental oriundas de famílias economicamente abastadas, muitas vezes sofrem mais do que quando estão em um meio mais simples. Nestes, o nível de exigência tende a ser menor. Naquelas, espera-se um

---

[68] Nota do autor: Campo que estuda como o ambiente — *externo e interno ao corpo* — pode influenciar a expressão dos genes.
[69] Nota do autor: Bem como aspectos emocionais do indivíduo, tanto para promover saúde, como doença.

padrão muito alto de funcionamento — casar, ter um diploma, um emprego de alto executivo —, vez que outra, incompatível com as limitações do déficit intelectual.

É conhecido o Efeito Werther, no qual suicídios seguem um modelo imitativo. Na época do lançamento do livro *Os sofrimentos do jovem Werther*, de Göethe, várias pessoas se mataram da mesma maneira narrada pela obra. Isso gerou, inclusive, uma evitação por parte da mídia em se falar nessa temática, com medo da repetição com a divulgação.

Por fim, notadamente quando se trabalha com crianças ou com idosos, percebe-se claramente que, em reiteradas ocasiões, as doenças desses grupos, que representam muitas vezes o lado mais frágil da família, são um sintoma do desequilíbrio familiar.

\*\*\*

Por certo, com o Espiritismo, entende-se que muitos desses fatores ambientais estão postos nas vidas dos indivíduos como sendo, eles próprios, consequências da Lei de Causa e Efeito e da Reencarnação.

Entretanto, deve-se levá-los em conta para um entendimento e para um tratamento integrais do ser.[70]

\*\*\*

---

[70] Nota do autor: E aqui neste capítulo foram exemplificadas algumas situações.

Pergunta: *Não constituem obstáculos ao exercício do livre-arbítrio as predisposições instintivas que o homem já traz consigo ao nascer?*

Resposta: *As predisposições instintivas são as do Espírito antes de encarnar. Conforme seja este mais ou menos adiantado, elas podem arrastá-lo à prática de atos repreensíveis, no que será secundado pelos Espíritos que simpatizam com essas disposições. Não há, porém, arrastamento irresistível, uma vez que se tenha a vontade de resistir. Lembrai-vos de que querer é poder.*[71]

---

[71] KARDEC, Allan. *O livro dos espíritos*. Q. 845.

# 8 Aspectos psicológicos

> *Remontando-se à origem dos males terrestres, reconhecer-se-á que muitos são consequência natural do caráter e do proceder dos que os suportam.*[72]

Embora seja um pouco difícil realizar uma divisão exata do que seriam os aspectos psicológicos,[73] neste capítulo teceremos alguns comentários sobre questões que dizem respeito ao sujeito e ao seu relacionamento interpessoal.

Certamente, coube a Sigmund Freud o pioneirismo de levantar essas elucidações. Pesquisador nato, oriundo da neurologia e da tendência anatômica desta, ele percebera que em muitas situações de paralisias não havia nenhum dano no sistema nervoso. Antes, e surpreendentemente, tratavam-se de consequências de conflitos íntimos muito intensos que, não conseguindo ser devidamente elaborados, eram reprimidos

---

[72] KARDEC, Allan. *O evangelho segundo o espiritismo*. Cap. 5, it. 4.
[73] Nota do autor: E em nível mais amplo, igualmente, é difícil dividir os diversos fatores, já que, em muitas partes, há intersecções de onde um começa e de onde o outro termina.

e espocavam, comunicando-se em sintomas. Mais tarde, participaria das reuniões de hipnose de Charcot, adotando o procedimento com os pacientes nos primórdios de suas sessões psicanalíticas para, posteriormente, abandoná-lo em lugar da associação livre e de outras regras técnicas.

Sabe-se hoje, sobretudo com as contribuições das neurociências, que esses ditos aspectos psicológicos têm os seus correlatos cerebrais. Ou seja, as emoções também implicam e estão implicadas com circuitos neuronais. Por isso mesmo, fica complicada a divisão do psicológico do biológico. E, igualmente, parece evidente que, do mesmo modo que não existem duas pessoas iguais, também não há dois corpos e cérebros exatamente idênticos entre si.

E isso também é válido para a visão espiritista. Ou seja, do mesmo modo que não há dois Espíritos idênticos, eles também não formam corpos exatamente iguais. Assim, cada sistema nervoso vem com a "marca registrada" daquele ser.

De qualquer modo, vale a pena ressaltar algumas ponderações.

## 8.1 Estrutura da psique

Em seus estudos, Freud percebeu que nem todos os processos da mente são conscientes,[74,75] ou seja, acontecem em um nível de percepção total. Na realidade, grande parte da vida psíquica passa-se em um nível inconsciente, como se verá.

Com essa noção, ele dividiu o psiquismo em três esferas.

O *id*, bastante inconsciente, guarda o material reprimido, entre desejos e eventos de vida recalcados. Ele é regido pelo princípio do prazer, pois busca sempre satisfação.

O *superego*, ou ideal do ego, também sobretudo inconsciente, mantém o controle repressor (superego) do ego ou as expectativas (ideal do ego) em cima dele. Busca, portanto, uma perfeição, de modo idealizador ou sufocante.

O *ego*, que tem grande parte consciente, mas também mantém processos mais inconscientes, está em relação com o que se pensa ser na atualidade. É regido pelo princípio da realidade, pois busca conciliar os desejos do *id* com o controle do superego, verificando o que pode ser realizado.

---

[74] Nota do autor: A palavra consciência pode ter algumas acepções que diferem bastante entre si: 1) consciência como estado de alerta — nível de consciência rebaixado, por exemplo, quando se dá o coma; 2) consciência moral — onde estão as Leis Morais de Deus; 3) consciência dentro da estrutura psíquica — que será apresentada nesta parte do livro.

[75] Nota do autor: Consciência dentro dessa estrutura psíquica é a parte psíquica conhecida diretamente pelo indivíduo, que aparece logo cedo na vida e que orienta a formação do ser.

Pegando ensinamentos de seu mestre, Carl Gustav Jung ampliou alguns conceitos, e, desse modo, pensou em uma outra forma de estruturação, baseada nos arquétipos.[76]

Assim, o *ego* seria o centro da psique consciente, mas não o sinônimo de psique. É por meio dele que se forma uma identidade, pois ele reúne várias experiências e memórias.

A *persona* seria a aparência que o ser mostra ao mundo, como uma "roupa" que veste o ego. E, consequentemente, é a face da psique vista pelo mundo e é aquilo que é esperado socialmente de uma pessoa em seu papel/personagem.

Já na *sombra*, ficaria o material que foi reprimido, aquilo que se considera inferior e que não combina com o ego, nem com a persona. Porém, é a principal força que influencia estes dois. Reúne também partes que não foram desenvolvidas, sendo negligenciadas.

*Anima* diz respeito à parte feminil do ser, enquanto *animus*, à sua polaridade viril.

Por fim, o *self* seria o núcleo do ser, resultante da união do consciente com o inconsciente. É a parte que dirige a vida psíquica de maneira integrada, não fragmentada.[77]

---

[76] Nota do autor: Arquétipo é um dos conceitos mais difíceis de Jung. Representa predisposições herdadas para responder ao mundo. São imagens primordiais. Cada uma das estruturas da personalidade do ser, descritas adiante, é um arquétipo. Cada arquétipo é uma estrutura possuidora de bastante energia que, quando ativado, libera-a.

[77] Nota do autor: Em uma comparação espiritista, é a essência espiritual herdeira do Cristo interno.

Com uma ou com outra visão, é importante observar que o nível inconsciente rege a vida psíquica das criaturas muito mais do que se imagina. Consequentemente, a sombra e/ou o *id* exercem forte influência sobre a dinâmica da saúde.

Por outro lado, em geral, os indivíduos vivem psiquicamente de modo fragmentado.

Por isso, se às vezes a sombra predomina, em muitas ocasiões o superego e o ideal do ego dominam. E estes são influenciados, sobretudo, pela cultura, pela religião e pelas projeções e desejos dos pais nos filhos.

De igual maneira, em reiteradas ocasiões, a persona permeia de tal modo a vida do ser que ele já não é mais uma pessoa que tem determinada função social — *como engenheiro, governante ou médico, por exemplo* —, porém assume a identidade da própria função em si. Já não consegue viver sem a profissão e sem o cargo. Vira refém do que a sociedade espera da personagem que assumiu. Assim, passa a ser semelhante a um ator que, de tanto atuar, não consegue mais sair do palco, mesmo que esteja em sua vida real.

Por fim, vale ressaltar outras contribuições de Jung ao criar os conceitos de *inconsciente pessoal* e *inconsciente coletivo*.

O inconsciente pessoal contém o material que provém do passado e das experiências do próprio indivíduo que, por algum motivo, por "desuso" ou repressão, não está mais em um nível consciente. Essa conceituação equivale ao conceito de inconsciente dado por Freud e, portanto, guarda grande relação com o *id* freudiano e/ou com a sombra junguiana.

Por outro lado, o inconsciente coletivo[78] contém material que não provém da experiência pessoal. Ou seja, é um reservatório de imagens primordiais, portanto arquetípicas. Este é uma estrutura que já vem com o indivíduo, desde quando ele era bebê, moldando e canalizando os posteriores desenvolvimento e interação com o ambiente. É comum a todas as pessoas, é como se fosse uma herança das conquistas da Humanidade, e inclui também material da genealogia pré-humana e animal.

## 8.2 Inconsciente na perspectiva da reencarnação

O Espiritismo não contradiz as explicações da psicanálise freudiana ou da psicologia analítica junguiana.

Contudo, não se detendo nas experiências de uma única existência, considera que as mesmas impressões psíquicas oriundas das relações que o ser estabelece com o mundo, com os outros e consigo na atual existência também são passíveis de serem geradas em vivências passadas.

---

[78] Nota do autor: Considerado por muitos estudiosos da Psicologia o conceito mais ousado e mais controverso de Jung.

Por isso mesmo, essas experiências reencarnatórias, bem como as conquistas pretéritas experimentadas nos estágios evolutivos do ser quando este estagiava pelos reinos inferiores da Natureza, ficam mais intensamente registradas nas profundezas do inconsciente. Joanna de Ângelis chamaria esse departamento de "inconsciente profundo".[79]

Se o inconsciente já tem difícil acessibilidade, essas profundezas denotam a dificuldade de serem acessadas experiências de anteriores existências, as quais, nem por isso, deixam de influenciar o modo de ser das criaturas.

Desenvolver abordagens que considerem também essa instância parece ser um dos grandes desafios futuros.

Como se percebe, essa visão reencarnacionista da formação do inconsciente muito se assemelha ao conceito de inconsciente coletivo de Jung.

Por isso, pondera Joanna de Ângelis a respeito:

> *Indubitavelmente, nesse oceano, encontram-se guardadas todas as experiências do ser, desde as suas primeiras expressões, atravessando os períodos de desenvolvimento e evolução, até o momento da lucidez do pensamento cósmico para o qual ruma.*[80]

---

[79] FRANCO, Divaldo Pereira. *O homem integral*. 2009, cap. 15.
[80] FRANCO, Divaldo Pereira. *Triunfo pessoal*.

E, igualmente, alerta Emmanuel:

> [...] somente à luz do Espiritismo poderão os métodos psicológicos aprender que essa zona oculta, da esfera psíquica de cada um, é o reservatório profundo das experiências do passado, em existências múltiplas da criatura, arquivo maravilhoso onde todas as conquistas do pretérito são depositadas em energias potenciais, de modo a ressurgirem em momento oportuno.[81]

Assim, mais uma vez fazendo um paralelo com a psicologia junguiana, é como se o inconsciente pessoal de uma existência contribuísse com a formação do inconsciente coletivo da experiência encarnatória posterior.

## 8.3 Período gestacional

Não é somente no passado distante que se pode encontrar a origem das influências.

Além da infância e das outras reencarnações, o período gestacional, na transição entre esses dois momentos, guarda grande importância no registro mental dos indivíduos.

Possivelmente, uma das doutrinas que primeiro levantou essa hipótese no ocidente foi o Espiritismo. Considerando que a vida biológica começa no momento

---

[81] XAVIER, Francisco Cândido. *O consolador*. Q. 45.

da fecundação do óvulo — ou *oócito II* — pelo espermatozoide, postulou que este seria o momento de ligação inicial entre o Espírito e a matéria. A partir daí, então, o ser entra em profunda simbiose com a mãe, exercendo ambos influências mútuas, não só de ordem material — pelas trocas umbilicais, etc. —, mas também do ponto de vista mental e espiritual.

Consequentemente, a Doutrina Espírita vê o período gestacional como de grande importância, merecendo profundos cuidados.

Recentemente, a Medicina e as teorias psicanalíticas começaram a observar isso, mesmo que de modo limitado.

A Medicina explica, por exemplo, que o transtorno do estresse pós-traumático (TEPT) não tratado em gestantes prejudica o feto, devido aos baixos níveis de cortisol.[82] E isso aumenta o desconforto do recém-nascido frente a estímulos novos, bem como eleva o risco nele de desenvolvimento de TEPT no futuro.

E se isso é verdade para o TEPT, igualmente o é para diversas condições psiquiátricas durante a gestação.

Por isso e por outros motivos, os cuidados que a Medicina vem desenvolvendo no período chamado pré-natal, bem como os avanços na neonatologia, demonstram como essa fase gestacional é delicada e merece cuidados.

---

[82] Nota do autor: O cortisol é importante para o desenvolvimento fetal.

De igual modo, a Psicanálise considera que, durante essa fase pré-natal, é como se ocorressem três gestações ao mesmo tempo — o desenvolvimento físico do feto dentro do útero materno (a gestação propriamente dita); o aprimorar de uma atitude de mãe no psiquismo materno; e a formação do bebê imaginado na mente da genitora.

Esse bebê imaginado possibilita à gestante entrar em relação com o filho, mesmo antes do nascimento, ao mesmo tempo que personifica os desejos e as fantasias maternas, relacionadas com o seu próprio narcisismo.

Assim, a gestação é um período de ensaio e de expectativa pelo que está por vir. E, dessa maneira, deve ser bem cuidada e trabalhada para que esse treino possibilite uma futura encenação mais harmônica no teatro da vida.

Por isso mesmo, os desejos e as fantasias dos pais, porque certamente se pode ampliar essas conceituações à figura paterna, e, até mesmo, aos que rodeiam à gravidez, como os avós, embora sejam naturais, devem ser balizados pelo equilíbrio.

Do contrário, poderão gerar inúmeros conflitos que se instalarão no psiquismo do ser e que serão tão prejudiciais quanto os ocasionados pela rejeição parental.

E, de certo modo, encontram-se várias situações clínicas nas quais a única fonte traumática na vida do sujeito se dá na vida intrauterina ao influxo deletério da rejeição ou dos desejos desmedidos dos pais.

## 8.4 Culpa

A culpa é um dos pontos constantes nos transtornos mentais. Apesar disso, não é necessariamente geradora de conflitos.

Isso porque ela pode percorrer dois caminhos.

Em um percurso saudável, a *culpa responsável* gerada pelo arrependimento ocasiona o senso de responsabilidade perante os próprios atos levando a uma necessidade de reparação.[83]

Por outro lado, no viés tormentoso, a culpa tóxica origina uma série de conflitos interiores, pois, não levando a uma necessidade de refazer o erro, origina um processo de vitimização, de lamentação e de autopunição indevidas.

Enquanto na primeira, o indivíduo, embora não consiga desfazer o erro, tem a possibilidade de atenuar os efeitos deletérios da ação perpetrada, na segunda hipótese, as feridas do outro não são sanadas e o ser só aumenta a própria desdita.

É justamente essa culpa tormentosa que, entre outras coisas, gera um medo desmedido que vai além das vias salutares da prudência e do equilíbrio. E, por

---

[83] Nota do autor: A respeito disso, Allan Kardec explica muito bem esse processo em *O céu e o inferno*, 1ª pt., cap. 7, "Código penal da vida futura".

conseguinte, origina uma sensação desagradabilíssima de ansiedade exacerbada.

## 8.5 Perdas

Certamente, coube também a Freud[84] o pioneirismo de identificar nas perdas grande papel na origem de doenças, sobretudo depressivas. Contudo, não necessariamente, elas promoverão o aparecimento de doenças.

Se trabalhadas adequadamente, gerarão somente o luto, que corresponde a um período necessário para a elaboração mental da perda de algo ou de alguém que se ama.

Do contrário, produzirão depressão.[85] Em geral, nessas situações, guardava-se alguma pendência com o objeto perdido, ou demasiado apego ou algum conflito. Aí, introjeta-se uma culpa tóxica pela perda, muitas vezes sem expressar a realidade. Igualmente, é comum acontecer isso quando a perda é muito precoce, sobretudo a perda dos pais na infância, traumática ou repentina.

Importa frisar que, como já se deve ter percebido pelas palavras acima, a perda não é somente de pessoas amadas, mas também de objetos, posições sociais, etc.

---

[84] Nota do autor: Seu trabalho clássico a respeito é *Luto e melancolia*.
[85] Nota do autor: Antigamente, chamada de melancolia.

## 8.6 Adversidades, neuroplasticidade e a subjetividade do ser

Durante o século XX, prevaleceu na Ciência o postulado de Cajal (1913–1959) — "no cérebro adulto, os circuitos neuronais são fixos e imutáveis, tudo vai morrer, nada pode se regenerar".

Na atualidade, o cérebro é visto como um sistema dinâmico, auto-organizável e plástico. Fala-se hoje em complexas redes neurais, ou seja, num grupo de neurônios que mantém uma função interconectada baseada nas demandas experienciais. Esses grupos, esses níveis de organização interagem bastante, sendo praticamente impossível falar-se em uma localização de causalidade única cerebral.

Em 1970, por exemplo, foi demonstrada a regeneração neuronal em mamíferos. Similarmente, experiências em macacos evidenciaram que há produção de neurônios em algumas regiões cerebrais até a fase adulta.

Dessa forma, pode-se afirmar que, do mesmo modo que a expressão genética altera o comportamento social, as experiências alteram o cérebro por meio de expressão genética em três níveis — estrutural, funcional e organizacional.

Ressalte-se, no entanto, que as experiências aqui são vistas de modo amplo, incluindo não só os eventos sociais e as alterações biológicas em outros sistemas, mas também as experiências psicológicas do sujeito.

Sendo assim, o desenvolvimento e a organização do córtex cerebral não devem mais ser vistos como um processo passivo que depende somente dos genes e das injunções ambientais.

A essa capacidade de mutabilidade cerebral, dá-se o nome de neuroplasticidade.[86] E essa propriedade do sistema nervoso explica a frase escrita no início deste capítulo que, do mesmo modo que não existem duas pessoas idênticas entre si, não há dois cérebros iguais, porque as estruturas organizacionais destes refletem a história do indivíduo.

Nesse particular, é sabido no presente que adversidades precoces[87] prejudicam a formação de neurônios em áreas nobres do encéfalo, como o hipocampo.

Por exemplo, em experiência com ratinhos que foram submetidos à privação maternal, constatou-se problemas na neurogênese com grande sensibilidade aos níveis de cortisol[88] e formação de um hipocampo com dificuldade em responder adaptativamente ao estresse na vida adulta.

---

[86] Nota do autor: No ser humano, diferentemente do que já foi demonstrado em outros animais, pelo menos ao que se sabe até o presente, isso acontece, sobretudo, através de religação de conexões cerebrais existentes, de ramificações dendríticas, de eliminações de sinapses e de formações de novas circuitarias cerebrais.

[87] Nota do autor: Essas adversidades precoces também afetam, por exemplo, a taxa de regressão do timo — crianças que passam por miséria têm um timo que diminui bem mais rapidamente.

[88] Nota do autor: Altos níveis mantidos de cortisol em tecidos biológicos são prejudiciais por sua toxicidade. Essa toxicidade pode dar-se pelo alto nível absoluto do cortisol, mas também pela maior sensibilidade da própria estrutura cerebral.

Dessa maneira, por meio da neuroplasticidade, a Ciência tem conseguido entender que as adversidades ambientais e psicológicas alteram não só o corpo, mas a própria nobreza cerebral.

Do mesmo modo, as próprias questões intrínsecas do sujeito, em sua subjetividade psicológica, interferem no funcionamento cortical, possibilitando-lhe doença, saúde ou resiliência.

\*\*\*

Por fim, faz-se mister ratificar que escrever sobre os fatores psicológicos e emocionais dos transtornos mentais é tarefa para uma obra à parte. Aqui, no entanto, ambicionou-se, unicamente, levantar algumas considerações.

\*\*\*

*Quantas doenças e enfermidades decorrem da intemperança e dos excessos de todo gênero.*[89]

---

[89] KARDEC, Allan. *O evangelho segundo o espiritismo.* Cap. 5, it. 4.

# 9 Interferências espirituais

*Os Espíritos estão em toda parte, ao nosso lado, acotovelando-nos e observando-nos sem cessar. Por sua presença incessante entre nós, eles são os agentes de diversos fenômenos, desempenham um papel importante no mundo moral, e, até certo ponto, no físico; constituem, se o podemos dizer, uma das forças da Natureza.*[90]

Dentre as várias contribuições do Espiritismo, figura-se a problemática da obsessão. Os benfeitores espirituais explicam que ela tem atingido números pandêmicos[91] no mundo, apesar de existir desde todos os tempos. Assim, encontra-se na Codificação Espírita a revelação de que ela seria uma das causas de certos males da Humanidade.

---

[90] KARDEC, Allan. *O que é o espiritismo*. Cap. 2, it. 18.
[91] Nota do autor: Uma epidemia de uma doença que se espalha em uma grande população, como continental ou mundial. Esse conceito é, em geral, usado para doenças infecciosas.

Para entendê-la, porém, retirando-a do véu de mitificações e de superstições, fazem-se necessárias considerações um pouco mais detalhadas.

## 9.1 Influências espirituais

Para a Doutrina Espírita, os Espíritos não são seres à parte no Universo. Ao contrário, são os próprios homens e mulheres destituídos da roupagem biológica e em outro plano, para além da morte física, ou desencarnação.

Essa outra esfera ganha o nome de Mundo Espiritual. Este, no entanto, e igualmente, não está em uma área circunscrita do espaço.

É bem verdade que o próprio Espiritismo fala de regiões delimitadas, como colônias espirituais de refazimento e locais umbralinos de dor. Contudo, essas são consequências dos estados mentais das criaturas que se vinculam pela lei de afinidade, bem como construções dos próprios seres.

E, além disso, não são sinônimo de Mundo Espiritual. Porque, na realidade, o Mundo Invisível está em contato perpétuo com o mundo visível, a tal ponto, que cabe lembrar as palavras de Allan Kardec: "os Espíritos estão em toda parte, ao nosso lado, acotovelando-nos e observando-nos sem cessar".[92]

---

[92] KARDEC, Allan. *O que é o espiritismo*. Cap. 2, it. 18.

Os seres espirituais desencarnados estão em toda parte porque o Mundo Espiritual também o está, pois que ele é o causal. Assim, compreende tanto essas esferas mais circunscritas mencionadas quanto o derredor do mundo físico. O que diferencia cada um desses campos são os diferentes estados energéticos vibracionais.

De tudo isso, deduz-se que, do mesmo modo que os indivíduos, enquanto seres ligados ao corpo físico, têm ligações de ódio ou de amor uns com os outros, os Espíritos também as têm e as mantêm.

Nesse sentido, segundo Kardec, os Espíritos influenciam os pensamentos e os atos das criaturas muito mais do que se imagina, a tal ponto que, muitas vezes, sem se perceber, são eles que os dirigem. Essas influências, naturalmente, podem ser boas ou más, conforme a natureza do Espírito que as provocam. A atração, porém, sempre se faz através da atmosfera psíquica do encarnado. Este atrai para si, comumente, e mais fortemente, os seus iguais. Desse modo, essas influências ocultas funcionam, de modo genérico, como sugestões psíquicas imprecisas. Compete, pois, ao ser a decisão de estudá-las ou não, e de segui-las ou não. É interessante notar que o fato de elas serem imprecisas proporciona aos indivíduos a possibilidade de trabalhar o livre-arbítrio. É assim que Deus confia à consciência do ser a escolha do caminho que deve seguir e a liberdade de ceder a uma ou a outra sugestão.[93]

No primeiro momento, parece complicada a revelação espírita de que, muitas vezes, os desencarnados conseguem dirigir os encarnados. No entanto, fazendo-se uma observação diária da vida, levando-se em conta somente o aspecto relacional entre os encarnados, percebe-se que isso é muito presente.

Quantas vezes as pessoas não se deixam manipular pelos modismos e pelas imposições de terceiros? Há criaturas que não conseguem dar um passo sem ter a permissão de seus pais, mesmo que já estejam bem "amadurecidos" na idade, causando, assim, graves dificuldades para si e, igualmente, para os cônjuges. Há pessoas que não conseguem tomar uma decisão sem ter a orientação assertiva e diretiva de alguém — *religiosos, terapeutas, cartomantes, médiuns* —, criando para eles mesmos importantes incapacidades de amadurecer e de se vincular com a responsabilidade. Quantas criaturas, com medo de serem excluídas dos grupos, adotam as posturas e as identificações coletivas, mesmo que para isto percam as suas identidades individuais?

Assim, ao que parece, os Espíritos — *e, aqui, leia-se os outros, encarnados ou desencarnados* —, ordinariamente, comandam as atitudes dos seres humanos...

---

[93] KARDEC, Allan. *O livro dos espíritos*. Q. 459 a 472.

## 9.2 Mediunidade

Permeando essa influenciação está a mediunidade, que é a capacidade de dois seres, habitando duas esferas vibracionais diferentes, entrarem em contato uns com os outros através do médium. Comumente, as duas esferas vibratórias diferentes são o Mundo Espiritual e o mundo material. Entretanto, no próprio Mundo Espiritual, há ação da mediunidade ligando uma esfera mais evoluída a outra mais inferior. Nesse sentido, há médiuns também no Mundo Espiritual intercambiando, através do perispírito, as comunicações entre as diferentes esferas evolutivas.

Pensando nisso, Allan Kardec[94] conceituou que todos aqueles que sentissem, em um grau qualquer, a influência dos Espíritos seriam médiuns. Raras pessoas não teriam um rudimento dessa sensibilidade. Consequentemente, essa faculdade deveria ser como um sexto sentido e, sendo assim, inerente ao ser humano. Dessa forma, ele postulou que todas as pessoas são, mais ou menos, médiuns. Isso nesse sentido ampliado da palavra.

Contudo, no *stricto sentu* e usualmente, esse termo designa aqueles cuja faculdade se mostra bem caracterizada por meio de fenômenos mais robustos e patentes. Para isso, precisa-se de uma organização física mais ou menos sensitiva.

---
[94] KARDEC, Allan. *O livro dos médiuns*. 2ª pt., cap. 14, it. 159.

Como se deduz, tendo-se uma visão ampla, a mediunidade não é algo extraordinário, o que não significa dizer que todos os "médiuns" devam trabalhar mediunicamente.

De igual maneira, todos os "médiuns" sofrem as influenciações espirituais, de um modo mais leve ou até mais intenso, como nas obsessões.[95] No entanto, nem todos os que passam por essas influências obsessivas são, de fato, médiuns que necessitem ter atividades mediúnicas.

### 9.3 Conceito de obsessão

A obsessão[96] encontra várias conceituações de acordo com o ramo do conhecimento.

Assim, tem na psicopatologia, ramo do conhecimento utilizado pela parte Psiquiátrica da Medicina para a realização do exame mental, o significado de pensamentos intrusivos e repetitivos que geram angústia, geralmente fazendo parte do transtorno obsessivo-compulsivo, mas também podendo estar presente em outras doenças.

Por outro lado e popularmente, pode significar perseguição e preocupação com determinada ideia fixa.

No Espiritismo, ela se configura no extremo das influências espirituais. Nesse sentido, pode-se trazer o

---

[95] Nota do autor: Como se verá a seguir.
[96] Nota do autor: Palavra derivada do latim — *obsessione*.

conceito de Allan Kardec como sendo um dos mais completos:

> *A obsessão é a ação persistente que um Espírito mau exerce sobre um indivíduo. Apresenta caracteres muito diversos, desde a simples influenciação moral, sem perceptíveis sinais exteriores, até a perturbação completa do organismo e das faculdades mentais.*[97,98]

É interessante observar que, embora não seja aceita pela Medicina, alguns livros já trazem conceitos interessantes sobre isso, ao falar sobre o Espiritismo e a obsessão, por exemplo, em glossário de termos populares ou em capítulos que versam sobre as síndromes culturais. É o caso do livro do Dr. Paulo Dalgalarrondo (*Psicopatologia e semiologia dos transtornos mentais*. 2. ed.) — "obsessão ou estar obsedado/obsidiado = um espírito obsessor exerce ação negativa sobre um indivíduo, causando sintomas muito variados, como angústia, depressão, fobias, dependências químicas, ideias suicidas, psicoses... os espíritas preconizam a cura pelo tratamento espiritual da desobsessão".

---

[97] KARDEC, Allan. *O evangelho segundo o espiritismo*. Cap. 28, It. 81.
[98] Id. *A gênese*. Cap. 14, it. 45.

### 9.3.1 Ação persistente

Diferentemente de uma influência espiritual passageira, a obsessão, para se configurar, precisa ser ostensiva e ter uma constância.

Pode-se dizer, assim, que ela tem duas dimensões — *uma horizontal, ligada ao fator tempo; e outra vertical, vinculada à questão sintomatológica*.

Ou seja, a obsessão é uma influência espiritual duradoura e tenaz.

### 9.3.2 Influência que um Espírito mau exerce sobre um indivíduo

Espíritos Superiores não geram obsessões, pois a influenciação que exercem se estabelece na ordem do equilíbrio. Portanto, não geram dor e não constrangem a liberdade do indivíduo.

Os seres espirituais inferiores, contudo, pelas vias obsessivas, escravizam temporariamente o pensamento do ser.

Salienta-se, no entanto, que nem sempre o Espírito precisa ser necessariamente mau, já que pode ser somente imperfeito e ignorante das Leis Divinas.[99]

Por exemplo, uma mãe apegada de modo doentio aos seus filhos pode, após a desencarnação, continuar

---

[99] Nota do autor: Como, aliás, o próprio Allan Kardec amplia em *O livro dos médiuns*. Cap. 23, it. 246.

conectada, por meio desse amor egoísta, à prole, e, às vezes, causar sérias dificuldades.

### 9.3.3 Caracteres muito diversos

As diversas características que a obsessão possui se dão em dois níveis diferentes.[100]

Primeiramente, nas peculiaridades de como se estabelece o processo, as quais gerarão sintomas específicos e diversificados. Nesse ponto, Allan Kardec dividiu as obsessões em três tipos: simples, fascinação e subjugação.[101]

E, em segundo lugar, nos pormenores das relações entre a variedade de indivíduos, nas quais acontece o processo de obsessão. Essas relações Manoel Philomeno de Miranda denomina como expressões da obsessão.[102]

Assim, como consequência desses diversos caracteres, ou seja, dos vários tipos e das várias expressões da obsessão, é que ela pode gerar os mais variados sintomas e alterações na vida de quem lhe sofre o guante — influenciação moral, perturbação completa do organismo e das faculdades mentais.

---

[100] Nota do autor: Estas voltarão a ser abordadas no capítulo 10.
[101] KARDEC, Allan. *O livro dos médiuns*. Cap. 23, it. 237.
[102] FRANCO, Divaldo Pereira. *Sementes de vida eterna*. Cap. 30.

## 9.4 Tipos de obsessão[103]

Como explica o próprio Allan Kardec, "a palavra obsessão é, de certo modo, um termo genérico".[104] Isso porque ela pode se estabelecer em três níveis diferentes.

Na denominada obsessão simples, *o indivíduo consegue perceber* que algo não está bem. Inclusive, se for mais familiarizado com a Doutrina Espírita, poderá sentir que se acha vinculado a um Espírito inferior.

Salienta-se, entretanto, que, apesar de ser chamada de simples, não se trata de um problema sem gravidade, posto que pode ser de difícil resolução e gerar extensa sintomatologia.

Na fascinação, acontece uma *paralisação do raciocínio*, do senso-crítico, da capacidade de ajuizar. Caracteriza-se, dessa forma, por uma ilusão produzida pela ação direta do Espírito sobre o pensamento.

Na subjugação,[105] ocorre uma *paralisação da vontade*, ficando o obsedado em um verdadeiro jugo. Este pode ser moral, quando há um constrangimento a tomada de decisões absurdas, lembrando até, em partes, a fascinação. E, igualmente, pode ser física, na qual

---

[103] Nota do autor: No capítulo seguinte, ao tratarmos de algumas interfaces, abordaremos também alguns pontos específicos sobre esse tópico.

[104] KARDEC, Allan. *O livro dos médiuns*. Cap. 23, it. 237.

[105] Nota do autor: Nos textos bíblicos, esse tipo de obsessão se encontra com o nome de possessão. Kardec, entretanto, preferiu o termo subjugação, pois julgou que possessão trazia uma ideia de posse do corpo por Espíritos demoníacos criados por Deus, enquanto seria a vontade que estaria subjugada. Vide: *O livro dos médiuns*. Cap. 23, it. 241.

acontece em uma esfera mais orgânica com, por exemplo, provocação de movimentos involuntários.

Aprofundando a temática, Kardec enfatiza que:

> [...]*Na possessão, pode tratar-se de um Espírito bom que queira falar e que, para causar maior impressão nos ouvintes,* toma *o corpo de um encarnado, que voluntariamente lho empresta, como emprestaria seu fato a outro encarnado.*[106,107]

Nesse caso, é como se fosse um transe mais inconsciente, em que há um desligamento maior do encarnado. Como seja, no entanto, "o encarnado é sempre quem atua".[108] Nos casos obsessivos, obviamente, com uma maior influência do obsessor, que lhe suga as energias, em verdadeiro processo de vampirização de forças.

## 9.5 Expressões da obsessão

Manoel Philomeno de Miranda, aprofundando a temática, lançou um olhar interessante, ponderando que "existem problemas obsessivos em variadas expressões".[109]

Ao pontuar isso, o nobre baiano queria evidenciar que o processo de obsessão estabelece-se entre vários tipos de indivíduos.

---

[106] KARDEC, Allan. *A gênese*. Cap. 14, it. 48.
[107] Nota do autor: Sobre isso, também, ver exemplos de André Luiz em *Nos domínios da mediunidade*.
[108] KARDEC, Allan. *O livro dos espíritos*. Q. 473.
[109] FRANCO, Divaldo Pereira. *Sementes de vida eterna*. Cap. 30.

Comumente, ele se expressa entre um desencarnado e um encarnado. Seria esta a situação de maior prevalência, mais comum.

Contudo, é corriqueiro, também, estabelecer-se vinculações dessa natureza entre dois desencarnados. Em geral, obsessores costumam dominar pelo medo outros Espíritos, quase sempre com menor conhecimento das técnicas do Além-Túmulo, com a finalidade de aumentar o poder de suas dominações. Há, inclusive, aqueles que se denominam chefes de verdadeiras cidadelas trevosas, bem como justiceiros que escarnecem do Poder Divino.[110]

Uma outra maneira de a obsessão se expressar, entretanto, é entre dois encarnados. Tal fato, embora possa parecer inusitado à primeira vista, é mais comum do que se imagina. Por exemplo, alguém que tenha um amor que se torna tiranizante e possessivo, como é o caso de relacionamentos conjugais à base do ciúme doentio; ou entre pais que superprotegem seus filhos, cerceando-lhes a liberdade; ou nas várias amizades dominadoras; igualmente, nas paixões escravizantes, as quais, vez que outra, culminam em pactos de suicídios ou em assassinatos. Mais ainda, nos vínculos em que imperam o ódio ou os sentimentos similares.

---

[110] Nota do autor: Vários exemplos são dados por André Luiz em sua série psicografada por Chico Xavier denominada pela FEB como *A vida no mundo espiritual*; e por Manoel Philomeno de Miranda, em suas obras ditadas ao médium Divaldo Pereira Franco.

São os chamados vínculos tantalizantes, como diria a Psicanálise.[111]

Às vezes, porém, pode acontecer o contrário do que se está acostumado, quando um encarnado obsedia um desencarnado. Pode-se vislumbrar, por exemplo, as situações relatadas no parágrafo anterior. Imagine-se que alguém da dupla veio a desencarnar. Muito habitualmente, aqueles que ficaram na carne geram fixação mental e atraem os que se foram, quer seja pelo amor egoísta, quer seja pelas vias do ódio.[112] Situação inusitada, mas um pouco frequente, é aquela na qual obsessões de longo curso geram uma acomodação mental do encarnado a tal ponto que este, na ausência de seu obsessor, acaba atraindo-o pela manutenção dos hábitos mentais os quais, vez que outra, servem até de apelo e de chamamento para o desencarnado.

Uma outra expressão é a obsessão recíproca. Esta, na verdade, é encontrada em todas as outras, uma vez que o par, frequentemente, alimenta-se energética e mentalmente um do outro.[113,114]

---

[111] Nota do autor: Esse nome faz alusão ao personagem da mitologia grega, Tântalo, que, tendo roubado os manjares dos deuses do Olimpo, foi punido por Zeus para sentir eternamente fome e sede. Ele ficava acorrentado e imerso nas águas de aprazível bosque com saborosos frutos. Quando a maré subia, a água e os frutos quase chegavam até sua boca, porém nunca era possível bebê-la ou comê-los, pois, em seguida, a maré baixava.

[112] Nota do autor: Allan Kardec levanta a situação, lamentável, dos herdeiros insatisfeitos, na questão 320 de *O livro dos espíritos*.

[113] XAVIER, Francisco Cândido. *Nos domínios da mediunidade*. Cap. 14.

[114] Nota do autor: Exemplos também podem ser encontrados em *Missionários da luz*, de André Luiz, psicografia de Francisco Cândido Xavier.

Allan Kardec,[115] de igual maneira, já descreveu, em seu tempo, o que se pode chamar de auto-obsessão, a qual pode vir em associação ou não a todas as outras formas. Assim, escreveu — "o homem, não raramente, é obsessor de si mesmo" — e, por isso mesmo, completou — "alguns estados doentios e certas aberrações que se lançam à conta de uma causa oculta derivam do Espírito do próprio indivíduo". Percebe-se isso em vários indivíduos com transtorno obsessivo-compulsivo, em personalidades histriônicas, em alguns distúrbios de natureza conversiva e dissociativa, em pessoas que têm culpa em excesso, nas hipocondrias e em diversas doenças psicossomáticas, etc.

Embora, rigorosamente, não feche os critérios de obsessão, André Luiz[116] dá outra perspectiva interessante.

André Luiz chama atenção à obsessão de alguns minutos, processo que seria semelhante a uma influência espiritual apenas, não chegando a ter a persistência da obsessiva — *caráter da horizontalidade, temporalidade* —, no entanto, por possuir grande profundidade — *caráter da verticalidade, enraizamento* —, gera graves consequências em poucos minutos ou segundos.

---

[115] KARDEC, Allan. *Obras póstumas*. 1ª pt., it. 58.
[116] XAVIER, Francisco Cândido. *Mecanismos da mediunidade*. Cap. 16, subtópico "Gradação das obsessões".

Nesse sentido, também, é interessante observar um outro tipo de situação que, embora não preencha critérios para ser chamada de obsessão, parece ser bem comum nos dias da atualidade. Poderíamos chamar de *quase obsediados*.[117] São indivíduos que, vivendo superficialmente, são influenciados periodicamente, de um ou de outro modo. É como se fosse uma obsessão mais leve, porém sem a constância necessária para tal denominação. Tem, assim, o critério de temporalidade, mas não tem profundidade, pois não gera sintomas tão fortes, mesmo que cause dificuldades periódicas aos indivíduos e aos que convivem com eles.

Por fim, Kardec[118] assinala a obsessão epidêmica ou coletiva. Nessas situações, lança-se uma revoada sobre certa localidade de Espíritos inferiores, podendo, então, ser considerável o número de pessoas atacadas.[119] Há, entretanto, nesse particular, outros casos. De quando em vez, pessoas amplamente fascinadas conseguem ter grande poder de influência sobre outras, por meio da admiração conquistada antes ou depois de suas próprias obsessões. Estabelece-se o que se pode chamar delírio coletivo.[120] Semelhantemente,

---

[117] Nota do autor: Saliente-se que essa não é uma nomenclatura oficial.
[118] KARDEC, Allan. *A gênese*. Cap. 14, it. 49.
[119] Nota do autor: Allan Kardec dá o exemplo da Aldeia de Morzine na Saboia na *Revue Spirite* de 1862 e 1863.
[120] Nota do autor: Essa denominação não é oficial, mas um termo que encontramos de fazer um *link* entre os conceitos espírita de obsessão epidêmica e da psiquiatria de delírio compartilhado.

na Psiquiatria, há o que se denomina delírio compartilhado.

## 9.6 Causas e mecanismos das obsessões

Resquício da imaturidade psicológica, é corriqueiro culpabilizar o outro por todos os atropelos por que se passa. Nesse sentido, muitas vezes a causa da obsessão é atribuída exclusivamente ao obsessor, ganhando, assim, ares de castigo divino.

Vale ponderar, entretanto, que, analisando-se tudo o que foi exposto até aqui, facilmente se percebe que o processo obsessivo é uma via de mão-dupla.

Olhando pelo lado do obsessor, os motivos que o levam a investir nesse caminho são inúmeros.[121] Em reiteradas oportunidades, é uma vingança que o faz ir nesse intento. E o erro perpetrado pelo obsediado pode ter sido tanto na existência anterior quanto na atual.

Às vezes, a falta não pertence, somente, ao obsediado em si, mas a toda a coletividade que o cerca, sobretudo familiar. Nessas oportunidades, aquele que acaba sofrendo a obsessão é o que tem maior fragilidade psíquica, por vários motivos, sobretudo pela culpa inconsciente dilacerante.

Em outras ocasiões, o obsessor é movimentado pelo desejo de fazer o mal. E este pode ser originado da inveja ou do ódio em relação ao bem.

---

[121] KARDEC, Allan. *O livro dos médiuns*. Cap. 23, it. 245.

Noutras oportunidades, é a vontade de dominar. E, utilizando-se da covardia, vai atrás de indivíduos que sabidamente não têm resistência moral.

Há, também, situações em que o móvel do obsessor é o desejo de fazer com que as ideias dele prevaleçam. Nesses casos, eles nem sempre têm muita maldade. O que predomina é o grande orgulho.

Em contrapartida, do ponto de vista do obsediado, a grande causa são as imperfeições morais.[122,123] Estas geram pensamentos viciados, os quais impregnam o perispírito do ser,[124,125] dotando-o de uma atmosfera espiritual[126] por meio de uma fotografia — chamada de fotografia do pensamento[127] — com a qual se estabelece o colorido característico de cada criatura.

Nesse sentido, vale lembrar Allan Kardec:

---

[122] Nota do autor: Vide *O livro dos médiuns*. Cap. 23, it. 252: "[...] as imperfeições morais dão azo à ação dos Espíritos obsessores [...]"; "As imperfeições morais do obsediado constituem, frequentemente, um obstáculo à sua libertação".

[123] Nota do autor: Vide *O evangelho segundo o espiritismo*. Cap. 28, it. 81: "a obsessão é sempre o resultado de uma imperfeição moral, que dá acesso a um Espírito mau".

[124] Nota do autor: Vide *A gênese*. Cap. 14, it. 14: "Os Espíritos atuam sobre os fluidos espirituais [que são um dos estados do fluido cósmico universal], não manipulando-os como os homens manipulam os gases, mas empregando o pensamento e a vontade. Para os Espíritos, o pensamento e a vontade são o que é a mão para o homem. Pelo pensamento, eles imprimem àqueles fluidos tal ou qual direção[...]".

[125] Nota do autor: Vide *A gênese*, cap. 14, it. 14: "[...] o pensamento do Espírito cria fluidicamente os objetos que ele esteja habituado a usar [...]".

[126] Nota do autor: Também chamada de psicosfera; Aura.

[127] Nota do autor: Vide *A gênese*, cap. 14, it. 15: "Há mais: criando *imagens fluídicas*, o pensamento se reflete no envoltório perispirítico, como num espelho; toma corpo e aí, de certo, modo *se fotografa*[...]. Desse modo é que os mais secretos movimentos da alma repercutem no envoltório fluídico [...]".

*Cada um de nós tem, pois, o seu fluido próprio, que o envolve e acompanha em todos os movimentos, como a atmosfera acompanha cada planeta. É muito variável a extensão da irradiação dessas atmosferas individuais".*[128]

A partir, pois, desse encadeamento — imperfeições morais/pensamentos/psicosfera — é que se abrirão as portas que possibilitarão a instalação da obsessão.

Essas portas são como plugues nos quais as tomadas, ou seja, o pensamento do obsessor, penetram, instalam-se e se fixam.[129]

Entre as imperfeições morais, que devem ter um sentido não somente moral, mas também de conflitos psicológicos como um todo, destacam-se as culpas excessivas e os vícios morais e físicos.

Para se instalar um processo obsessivo, portanto, precisa-se desses dois aspectos: a tomada, representando o desejo que motiva o obsessor, e o plugue, simbolizando as brechas dadas pelo obsediado.

Como se percebe, é o perispírito o intermediário,[130] tanto das influências positivas nas vias da mediunidade equilibrada, quanto das obsessões.

---

[128] Nota do autor: Vide *Obras póstumas*, no capítulo "Introdução ao estudo da fotografia e da telegrafia do pensamento".

[129] Nota do autor: Analogia feita pelo Espírito Manoel Philomeno de Miranda em suas obras psicografadas pelo médium Divaldo Franco.

[130] Nota do autor: Vide *Nos bastidores da obsessão*, pelo Espírito Manoel Philomeno de Miranda, psicografia de Divaldo Franco, capítulo "Examinando a obsessão" — "Justapondo--se sutilmente cérebro a cérebro, mente a mente[...], órgão a órgão, através do perispírito,

Por isso mesmo, esse envoltório do obsediado, durante o processo obsessivo, fica como que envolto por um manto, o halo espiritual do obsessor e, assim, há uma verdadeira interpenetração fluídica simbiótica.[131]

Isso, por sua vez, prejudica ainda mais o obsediado, em um verdadeiro ciclo vicioso, já que dificulta a renovação de pensamentos[132] e, por conseguinte, energética daquele.[133]

Vale lembrar a fala de Kardec:

> *Na obsessão, o Espírito atua exteriormente, com a ajuda do seu perispírito, que ele identifica com o do encarnado, ficando este afinal enlaçado por uma como teia e constrangido a proceder contra a sua vontade.*[134]

Ressalte-se, ainda, que na subjugação, isso é mais intenso e, embora o fenômeno seja perispírito a perispírito, o obsessor consegue atuar mais diretamente sobre o corpo físico, em um fenômeno semelhante ao

---

pelo qual se identifica com o encarnado, a cada cessão feita pelo hospedeiro, mais coercitiva se faz a presença do hóspede".

[131] Nota do autor: Vide *Obras póstumas*, no capítulo "Da obsessão e da possessão" — "Quando um Espírito, bom ou mau, quer atuar sobre um indivíduo, envolve-o, por assim dizer, no seu perispírito, como se fora um manto. Interpenetrando-se os fluidos, os pensamentos e as vontades dos dois se confundem[...]".

[132] Nota do autor: Suely Caldas Schubert denomina isso de escravização temporária do pensamento e de constrição mental em seu livro *Obsessão/desobsessão*, cap. 8 e 9.

[133] Nota do autor: Vide *O evangelho segundo o espiritismo*, cap. 28, it. 81 — "Nos casos de obsessão grave, o obsediado se acha como envolvido e impregnado de um fluido pernicioso, que neutraliza a ação de fluidos salutares e os repele".

[134] KARDEC, Allan. *A gênese*. Cap. 14, it. 47.

desdobramento que se verifica em alguns médiuns que entram em transe profundo mais inconsciente.

Lembre-se, igualmente, de André Luiz ao chamar esse processo de "verdadeiro cerco temporariamente organizado".[135]

Saliente-se, outrossim, que essa simbiose não implica, necessariamente, a presença física a todo instante do obsessor perto do obsediado. Por meio das ondas mentais do pensamento, este pode ser guiado por aquele.[136]

Em outros momentos deste capítulo, já se falou de vários motivos para se ter uma variedade de sintomas a partir de um mesmo processo, a obsessão. No perispírito, entretanto, encontra-se mais um.

As alterações perispirituais acontecem em áreas-alvo que são determinadas inconsciente ou conscientemente pelo próprio indivíduo, ao julgar tal ou qual parte da sua estruturação como sendo o principal causador de sua falência espiritual-moral. Isso, ao mesmo tempo que gera modificações pontuais no corpo em órgãos e sistemas determinados, origina também fragilidades psíquicas específicas que facilitarão as influências obsessivas e determinarão uma variedade de sintomatologias.

---

[135] Nota do autor: Em seu livro *Libertação*, psicografado por Francisco Cândido Xavier, ao analisar o caso da obsessão de Margarida.

[136] Nota do autor: Suely Caldas Schubert chama de comando por telepatia em seu livro *Obsessão/Desobsessão*.

Nesse mesmo sentido, entende-se que o próprio corpo modificado e em desequilíbrio pode atuar como uma brecha, um plugue para facilitar a obsessão.[137]

Por fim, vale ratificar que as influências obsessivas não se estabelecem somente por culpa do obsessor, mas por uma coparticipação deste com o obsediado, através de um conluio consciente ou inconsciente que passa, sobretudo, pelo perispírito e se desdobra de mil maneiras.

Por isso mesmo, não se trata de um castigo, mas de uma criação consequente da Lei de Causa e Efeito, tendo permissão divina para ocorrer tendo em vista o crescimento espiritual dos seres, mesmo que, momentaneamente, pelas vias do sofrimento.

> *[...] uma espécie de loucura cuja causa o mundo desconhece, mas que não tem relação alguma com a loucura ordinária".*[138,139]

---

[137] Nota do autor: Disso se tentará falar um pouco mais no capítulo 10.
[138] KARDEC, Allan. *O livro dos médiuns*. It. 254.
[139] Nota do autor: Também contribui com essa visão Dr. Bezerra de Menezes, em seu livro, escrito ainda em vida, *A loucura sob novo prisma*.

# 10 Algumas interfaces

*A obsessão muito prolongada pode ocasionar desordens patológicas e reclama, por vezes, tratamento simultâneo ou consecutivo, quer magnético, quer médico, para restabelecer a saúde do organismo. Destruída a causa, resta combater os efeitos.*[140]

Ao longo dos capítulos anteriores,[141] certamente, muitas interfaces foram sendo percebidas. Entretanto, vale a pena ressaltar três aspectos a mais nesse sentido.

## 10.1 Os tipos de obsessão e as síndromes psiquiátricas[142]

É notável observar a semelhança entre a descrição de Allan Kardec[143] e algumas síndromes psiquiátricas.

---

[140] KARDEC, Allan. *O evangelho segundo o espiritismo*. Cap. 28 (coletânea de preces espíritas), it. V, subitem 84.

[141] Nota do autor: Sobretudo nos capítulos 6 e 9.

[142] Nota do autor: Algo semelhante foi falado pelo Dr. Alberto Ribeiro de Almeida, médico e amigo pessoal, em seminário "Obsessão e distúrbios psicobiofísicos" proferido no 5º Congresso Espírita Mundial. Concordamos com a explanação do expositor e, por isso, trouxemos algumas contribuições dessa palestra a respeito dos tipos de obsessão aqui. Entretanto, ampliamos os conceitos, sobretudo, a partir de aprendizagem de nossa prática médica e de nossa vivência espírita.

[143] Nota do autor: Apresentada no capítulo 9 deste livro.

Primeiramente, na subjugação, o Codificador Espírita pondera que a principal característica seria a paralisação da vontade. O obsediado se torna um joguete do obsessor.

É interessante perceber, nesse sentido, que, na síndrome catatônica, acontece comportamento semelhante. Caracterizada por alterações na psicomotricidade, pode-se apresentar em um polo de imobilidade, chamado de estupor catatônico, ou em um outro de extrema agitação, denominado de furor catatônico. Naquele, o paciente costuma ficar por muito tempo imóvel e em mutismo, obedecendo automaticamente a comandos ou permanecendo em posições estáticas, mesmo que desconfortáveis, que o examinador o deixa. Curiosamente, muitas vezes o paciente sai desse polo para um estado de inquietação e de movimentação caótica. A catatonia pode ter várias causas, como esquizofrenia, doenças neurológicas, ou transtorno do humor, como depressão e mania.

Em particular, tendo oportunidade de atender relativamente vários pacientes nesses estados, escutei de vários, depois dos episódios, sobretudo de imobilidade, que eles não conseguiam se lembrar direito do que acontecia e de que "era como se fosse alguma força que não me deixava mover".

Por outro lado, muitos pacientes relatam algo semelhante, mesmo não estando em estados catatônicos, mas sofrendo de depressões graves ou de intensos episódios maníacos de euforia. Nos deprimidos não é incomum escutar "eu não tinha forças para sair da cama". Nos bipolares em mania, igualmente, não é inconstante ver relatos de que uma força não os deixava parar quietos.

Obviamente, não se deve generalizar que todos os catatônicos ou que todos os que sofrem de transtorno do humor o fazem, exclusivamente, por causa da subjugação. Até porque as alterações neuroquímicas cerebrais propiciam isso, e muito vale salientar. E a observação da prática clínica tem demonstrado a mescla das duas coisas. Entretanto, é notório perceber a semelhança da descrição de Allan Kardec com o que acontece nessas doenças mentais.

Em segundo lugar, o Codificador caracterizou a paralização do raciocínio como sendo o fundamental na fascinação. O obsediado não consegue mais ter o crivo da razão na formulação de suas ideias, ficando totalmente influenciado pelo obsessor na formulação do juízo e dos pensamentos.

A similaridade disso com o que acontece nos estados delirantes é marcante. Delírios são provocados por alterações no juízo de realidade que geram um pensamento com conteúdo peculiar. Desse modo, são ideias que, embora não correspondam ao que acontece no real, não conseguem ser demovidas por meio da argumentação, tamanha a força de convicção que permeia aqueles que as tem. Os mais comuns são os delírios persecutórios, mas também são bastante observados os de grandeza e os de conteúdo místico.

Delírios, juntamente com fenômenos alucinatórios, marcam o que se chama de síndromes psicóticas. Estas, por sua vez, estão presentes em uma série de condições psiquiátricas. A mais famosa é a esquizofrenia, mas qualquer alteração grave do humor pode possuí-la, como depressões e transtornos bipolares. Existem várias outras doenças, como os transtornos delirantes persistentes e os delírios compartilhados.

Já na obsessão simples, o paciente consegue perceber que algo não vai bem.

Esses estados se assemelham muito a condições clínicas em que predominam os sintomas de ansiedade, de impulsividade e de compulsão. Por outro lado, as várias perturbações de natureza psicológica guardam semelhanças notáveis. Da mesma forma, pessoas que têm transtornos de personalidade, vez que outra, exacerbam suas características dolorosas nesses momentos obsessivos. Poder-se-ia dizer, utilizando-se de um conceito mais psicanalítico, que as várias neuroses podem ser bem postas ao lado das obsessões simples.

Obviamente, a mesma ressalva feita anteriormente ao se falar da subjugação e dos estados catatônicos, de que não se deve generalizar, igualmente, merece ser feita com as fascinações, as obsessões simples e os correlatos clínicos destes.

## 10.2 A obsessão pode gerar alteração biológica

Muito embora a maior parte das condições clínicas da Psiquiatria envolvam mecanismos que mesclam os vários fatores até aqui mencionados nesta obra, vale considerar que, mesmo em situações que têm na obsessão a principal causa de acontecer, ou o fator gatilho que iniciou tudo, poderão ter — e, muitas vezes, terão —, mais cedo ou mais tarde, repercussões no corpo, notadamente no sistema nervoso.

Com isso, necessário vai ser, também, tratar a parte biológica com as contribuições da Medicina, preservando-se o soma de maiores distúrbios.

Importa, pois, relembrar o pioneirismo de Allan Kardec:

> *A obsessão muito prolongada pode ocasionar desordens patológicas e reclama, por vezes, tratamento simultâneo ou consecutivo, quer magnético, quer médico, para restabelecer a saúde do organismo. Destruída a causa, resta combater os efeitos.*[144]

---

[144] KARDEC, Allan. *O evangelho segundo o espiritismo*. Cap. 28 (coletânea de preces espíritas), it. V, subitem 84.

## 10.3 Alterações biológicas podem favorecer a obsessão

Por outro lado, algumas doenças, notadamente as que envolvem lesões neurológicas estruturais, mas também as de ordem funcional,[145] facilitam a instalação de processos obsessivos.

Nessas situações, a obsessão vai agravar ainda mais o quadro. E, mesmo que não gere os sintomas satélites da doença, poderá agravá-los ou piorar a clínica ao gerar mudanças comportamentais.

Por exemplo, nas demências, os sintomas principais são os cognitivos, mormente os que prejudicam a memória. Contudo, o que mais atrapalha a qualidade de vida do paciente, dos familiares e dos cuidadores são os de natureza psiquiátrica, como alucinações, depressão e agressividade.

Outrossim, na depressão, os sintomas satélites são a tristeza patológica e a perda de interesse ou prazer em relação às atividades de que costumava gostar e desempenhar. Entretanto, há uma série de outros sintomas que podem piorar o quadro, bem como mudanças no comportamento, como adotar a vitimização.

Se o paciente, no entanto, é portador de méritos espirituais, por variados motivos, ganhará proteção de benfeitores amigos, que impedirão a aproximação indevida

---

[145] Nota do autor: Essas diferenças entre alteração estrutural e funcional já foram explanadas no capítulo 6.

de obsessores. Do contrário, a influência espiritual perniciosa será mais um fator expiatório na vida dele.

Nesse ínterim, vale citar o Dr. Ignácio Ferreira:

> [...] por decorrência da destruição contínua dos neurônios que afetam as neurocomunicações, torna-se fácil pasto para a nutrição de Espíritos inferiores que deles se acercam para roubar-lhe as escassas energias, piorando-lhe o estado orgânico. Este fenômeno que, através do tempo, pode transformar-se em vampirização é mais comum do que parece entre os enfermos terrestres e os indigitados espirituais.[146]

Igualmente, importa relembrar José Petitinga:

> [...]compreendemos, porém, que nem todos os casos tenham influenciação obsessiva, porque há muitos Espíritos em recuperação dos seus delitos, mas portadores de outros valores que os resguardam da interferência malsã dos inimigos desencarnados.[147]

\*\*\*

> Conveniente [...] cuidar-se de examinar as síndromes das enfermidades psiquiátricas, a fim de não confundi-las com os sintomas de mediunidade, no período inicial da manifestação, quando o

---

[146] FRANCO, Divaldo Pereira. *Transtornos psiquiátricos e obsessivos*. Cap. 6.
[147] Id. Ibid. Cap. 7.

*médium se encontra atormentado. Nesse sentido, é mister evitar-se a generalização, isto é, a simplificação do problema com arremetidas simplistas, como é de hábito muitos fazerem.*

BEZERRA DE MENEZES[148]

---

[148] FRANCO, Divaldo Pereira. *Grilhões partidos*. Cap.11.

# 11 A doença como tarefa

*Caminhando, Jesus viu um homem cego de nascença. E os seus discípulos perguntaram: "Mestre, quem pecou, este ou seus pais, para que nascesse cego?". Respondeu Jesus: "Nem ele pecou, nem seus pais; mas foi para que se manifestem nele as obras de Deus".[149]*

Embora não pareça ser o caso das doenças mentais, já que estas falam das estruturas mais íntimas do ser, os processos de adoecimento na Terra nem sempre decorrem de expiações reencarnatórias ou de consequências de algum fator.

Mesmo que raras, existem doenças que são verdadeiras tarefas. No caso bíblico citado, Jesus ensina que, através da cegueira, aquele homem exercia uma nobre tarefa de testemunhar o poder de Deus e a transcendência em alguns processos de adoecer.

É interessante observar que o Cristo, em não repreendendo a questão proposta pelos discípulos, atesta a veracidade da Lei de Causa e Efeito nos adoecimentos.

---
[149] *João*, 9:1 a 3.

Aquele homem, entretanto, não era cego por expiação ou por consequência de algum descuido parental, mas por opção de facilitar a cura pelo magnetismo crístico quando se encontrasse com Jesus pelos caminhos da vida. Tinha, dessa maneira, uma nobre tarefa.

Nas doenças mentais, isso é mais difícil de se imaginar.

Contudo, tendo-se uma visão mais ampla da vida, pode-se atestar outras maneiras de se ser um nobre tarefeiro.

Demonstrar caráter ilibado, mesmo que tomado por vários episódios maníacos em um transtorno bipolar — grande tarefa de honestidade diante de um cenário que detém várias pessoas corruptas que se utilizam do poder de modo errôneo, embora "saudáveis" da mente.

Não desejar intensamente os ganhos secundários de natureza monetária, mesmo que penalizado por graves enfermidades esquizofrênicas e, muitas vezes, até conseguir trabalhar de modo modesto — grande tarefa de força de trabalho diante de tantos simuladores de doença que preferem um rótulo ao trabalho digno.

Conseguir manter-se vivo, alimentando a pulsão eros, mesmo que passando por profundos episódios depressivos com ruminações suicidas — grande tarefa de amor à vida diante de tantas tentativas de tornar o útero um campo minado.

Ter a sensibilidade de acalentar os próprios filhos, mesmo que tomada por ataques de pânico — grande tarefa de amor ao próximo diante de tantos exemplos de egoísmo.

Assim, em qualquer situação, mesmo que duramente expiatória, ou de difícil provação, pode-se sublimar o próprio eu, tornando a própria existência em uma tarefa de ensinamentos através do modo pelo qual se passa pelas dificuldades impostas pelas mais complicadas doenças da mente.

\*\*\*

Pergunta: *Também desempenham função útil no Universo os Espíritos inferiores e imperfeitos?*

Resposta: *Todos têm deveres a cumprir. Para a construção de um edifício, não concorre tanto o último dos serventes de pedreiro, como o arquiteto?*[150]

---

[150] KARDEC, Allan. *O livro dos espíritos*. Q. 559.

# 12 A DOENÇA COMO APRENDIZADO

*Bem-aventurados os que choram, porque serão consolados.*

JESUS[151]

Sofrer o guante da doença psiquiátrica não é fácil! Certamente, solicitá-la como uma prova de aprendizado não é o mais comum.

Várias outras condições patológicas servem como pano de fundo para uma provação na qual, sabendo acertar os quesitos propostos, consegue-se evoluir mais rapidamente.

Apesar disso, mesmo no adoecimento mental, apurando-se o olhar, consegue-se facilmente perceber como esse processo pode muito ensinar, mesmo que a rudes provas, sobre si mesmo e sobre a vida.

Utilizando-se a imagem do *iceberg*, depreende-se que, semelhante ao bloco de gelo, os sintomas

---

[151] *Mateus, 5:4.*

psiquiátricos correspondem somente à parte visível que emerge da água, estando a maior estrutura submersa nas profundezas gélidas do mar. Assim também estão os motivos que levaram o indivíduo ao adoecimento — quantas posturas diante da vida a serem modificadas!

E, mesmo quando se está diante de uma doença que fala muito mais de resquícios do passado, como se poderá aprender e amadurecer diante das dificuldades impostas pelas limitações no hoje! E, consequentemente, transmutar os últimos resquícios do ontem.

Como a doença, sobretudo a mental, fala-nos da fragilidade da vida humana!

Como ela pode ensinar a se diminuir o narcisismo brutal ainda tão presente no ser!

Como se consegue aprender a ser humilde ao se precisar de um outro para cuidar da própria mente e das próprias questões internas!

Como ela chama a imperiosa necessidade da presença do perdão como maneira de ultrapassar a lógica clássica da reparação ao permitir novas conformações psíquicas no sujeito!

Desse modo, não importando a origem, a doença em geral, e a neuropsiquiátrica em particular, dá-nos alguns recados. E a mensagem do aprendizado é um deles.

\*\*\*

> *Quanto mais grave é o mal, tanto mais enérgico deve ser o remédio. Aquele, pois, que muito sofre deve reconhecer que muito tinha a expiar e deve regozijar-se à ideia da sua próxima cura. Dele depende, pela resignação, tornar proveitoso o seu sofrimento e não lhe estragar o fruto com as suas impaciências, visto que, do contrário, terá de recomeçar.*[152]

---

[152] KARDEC, Allan. *O evangelho segundo o espiritismo.* Cap. 5, it. 10.

# 13 A DOENÇA COMO SAÚDE

> *Por estas palavras:* Bem-aventurados os aflitos, pois que serão consolados, *Jesus aponta a compensação que hão de ter os que sofrem e a resignação que leva o padecente a bendizer do sofrimento, como prelúdio da cura. Também podem essas palavras ser traduzidas assim: Deveis considerar-vos felizes por sofrerdes, visto que as dores deste mundo são o pagamento da dívida que as vossas passadas faltas vos fizeram contrair; suportadas pacientemente na Terra, essas dores vos poupam séculos de sofrimentos na vida futura. Deveis, pois, sentir-vos felizes por reduzir Deus a vossa dívida, permitindo que a saldeis agora, o que vos garantirá a tranquilidade no porvir.*[153]

Imagine um maratonista, que durante anos treinou arduamente para o momento final da corrida. Ansioso, ele espera o grande dia chegar.

---

[153] KARDEC, Allan. *O evangelho segundo o espiritismo*. Cap. 5, it. 12.

Será que conseguirá colocar na pista tudo que exercitou duramente nos treinamentos? Mil questionamentos passam pela cabeça dele!

Depois, porém, de uma longa noite, atira-se na corrida. Os passos são difíceis. O corpo dele está cansado.

Contudo, percebe que nunca lograra uma vitória se não enfrentar as dificuldades da maratona. É preciso colocar em ação!

Em pouco tempo, assim, ele começa a se dar conta de que aquela corrida é o início do fim, o pontapé para a vitória e o êxito maior.

Do mesmo modo, a doença pode simbolizar a via final para a saúde plena. Os grandes erros do passado encontrarão nela "o último ceitil"[154] a ser pago.

Muitas vezes, a atual reencarnação com doença mental foi precedida por várias outras tentativas mal sucedidas que culminaram em abortamentos espontâneos. E só o fato de o indivíduo ter a possibilidade de estar doente já é um indício de que importantes mazelas perispirituais encontrarão no corpo desalinhado a válvula de escape que permitirá futuras existências mais conectadas com um psiquismo liberado das culpas e dos atrozes sofrimentos. Essas vidas limitadas pela doença permitirão posteriores momentos de maior alinhamento.

---

[154] Nota do autor: Como diria uma fala em *Mateus*, 5:26.

Dessa forma, como no exemplo da maratona, a doença, incluindo a mental, pode ser o início da futura saúde integral.

\*\*\*

*De ordinário, o homem só é infeliz pela importância que liga às coisas deste mundo. Fazem-lhe a infelicidade a vaidade, a ambição e a cobiça desiludidas. Se se colocar fora do círculo acanhado da vida material, se elevar seus pensamentos para o infinito, que é seu destino, mesquinhas e pueris lhe parecerão as vicissitudes da Humanidade, como o são as tristezas da criança que se aflige pela perda de um brinquedo, que resumia a sua felicidade suprema.*[155]

---

[155] KARDEC, Allan. *O livro dos espíritos*. Comentário de Kardec à questão 933.

# 14 Crianças, adolescentes e transtornos mentais

> Pergunta – *Qual [...] a utilidade de passar pelo estado de infância?*
>
> Resposta – *Encarnado, com o objetivo de se aperfeiçoar, o Espírito, durante esse período, é mais acessível às impressões que recebe, capazes de lhe auxiliarem o adiantamento, para o que devem contribuir os incumbidos de educá-lo.*[156]

A Psiquiatria que cuida da infância e da adolescência, de tão complexa e abrangente, merece uma subespecialização.

Neste capítulo, pois, não se pretenderá escrever um tratado acerca dessa especialidade. Somente se tentará pincelar alguns pontos genéricos de grande importância para a conclusão do raciocínio teórico.

---

[156] KARDEC, Allan. *O livro dos espíritos*. Q. 383.

## 14.1 O desenvolvimento do ser segundo o Espiritismo

Como já foi mencionado,[157] o processo reencarnatório passa por algumas etapas.

De modo genérico, pode-se dizer...[158]

Antes mesmo da ligação fluídica Espírito-corpo, acontecem reuniões no Mundo Espiritual entre o reencarnante e seus futuros pais. Quase sempre, estes são Espíritos que guardam alguma afinidade, simpática ou antipática. Contudo, esses momentos servem como marcos de afirmação de compromissos e sintonização energética.

No entanto, a reencarnação mesmo inicia-se durante a fecundação. Nesse momento, ordinariamente ajudado por benfeitores espirituais, muitas vezes chamados de arquitetos da reencarnação, o Espírito, por meio de seu perispírito, começará a ligar-se fluidicamente ao corpo que está construindo. Nessa construção, ele se utilizará dos tijolos chamados genes. E estes serão escolhidos de acordo com a atração magnética propiciada pelo perispírito.

No momento do parto, termina-se o processo reencarnatório propriamente dito. O grito choroso do nascituro[159] simbolizará o marco do término desse

---

[157] Nota do autor: No capítulo 8 deste livro.
[158] Nota do autor: Obviamente, cada processo reencarnatório guardará as suas particularidades.
[159] KARDEC, Allan. *O livro dos espíritos*. Q. 344.

processo energético em si. O Espírito já está encarnado, ou seja, ligado à carne, ao corpo.

Entretanto, acontecem mais dois marcos.

O primeiro dá-se com cerca de 7 anos.[160] As ligações fluídicas se apertarão ainda mais nesse momento.[161] Até meados dessa idade, o sistema nervoso da criança, embora já esteja com as estruturas anatômicas formadas, ainda está com excepcional propriedade plástica de adaptação para formação de novas sinapses, de novas circuitarias neuronais e de mudanças funcionais.[162]

O segundo dá-se na adolescência.[163] Embora a reencarnação já estivesse completa do ponto de vista energético, bem como fortemente firmada pelo marco dos 7 anos, o ser ainda estava psicologicamente "esquecido" das tendências passadas, como que desligado psiquicamente. Nessa fase, ele voltará a ter mais vivos seus aspectos psicológicos do passado. Eis porque esse momento é tão delicado na vida das criaturas e sujeito ao surgimento de tantos conflitos e de vários transtornos

---

[160] FRANCO, Divaldo Pereira. *Temas da vida e da morte*. Cap. "Reminiscências e conflitos psicológicos".

[161] Nota do autor: Oportunamente, em correspondência eletrônica com Divaldo Franco, médium que possibilitou essa revelação, questionei se esse meu entendimento estava de acordo com o pensamento transmitido por Manoel Philomeno de Miranda, já que conciliava as explicações kardequianas com as proferidas pelo nobre Espírito. E obtive a resposta afirmativa do médium baiano.

[162] Nota do autor: A partir da sexta semana de gestação, dá-se o início da formação do córtex cerebral. Esse processo finaliza-se com cerca de seis meses.

[163] KARDEC, Allan. *O livro dos espíritos*. Q. 385.

mentais, seja pelo ressomar do passado, seja pelas influências do hoje, como se verá adiante.[164]

## 14.2 O período infantojuvenil como momento de suscetibilidade

Como se depreende, pela visão espiritista, o período infantojuvenil é de grande suscetibilidade para o indivíduo, momento no qual ele ficará fortemente exposto às influenciações positivas, mas igualmente às injunções traumáticas e negativas.

É nesse sentido que a moderna neurociência vem postulando que a infância longa da espécie humana pode ter o propósito de dar ao córtex cerebral a possibilidade de sofrer as influências genéticas e epigenéticas.

Igualmente, o Espiritismo explica algo semelhante ao dizer que essa fase no planeta Terra é relativamente maior, se comparada a outros planetas mais evoluídos do Universo, justamente para facilitar o processo de educação de Espíritos milenares e cheio de erros.

Por outro lado, como já mencionado, é nessa fase também que muitos traumas se perpetuarão na vida do ser como resultado de consequências deletérias.

---

[164] Nota do autor: A esse respeito, vale a pena ler também o capítulo 2 — "A epífise" — do livro *Missionários da luz*, pelo Espírito André Luiz e psicografia de Chico Xavier, sobretudo a seguinte parte: "Aos 14 anos, aproximadamente, de posição estacionária, quanto às suas atribuições essenciais, recomeça a funcionar no homem reencarnado. O que representava controle é fonte criadora e válvula de escapamento. A glândula pineal reajusta-se ao concerto orgânico e reabre seus mundos maravilhosos de sensações e impressões na esfera emocional. Entrega-se a criatura à recapitulação da sexualidade, examina o inventário de suas paixões vividas noutra época, que reaparecem sob fortes impulsos".

Sabe-se, por exemplo, que eventos adversos[165] na infância associam-se a alterações persistentes no sistema de resposta ao estresse, elevando a vulnerabilidade para o desenvolvimento de doenças mentais, como os transtornos do humor e ansiosos.

O contraponto disso, no entanto, vem da própria neurociência no estudo da neuroplasticidade com o princípio de Kennard — "danos no sistema nervoso adulto resultam em efeitos mais deletérios e são menos reversíveis do que os infligidos mais precocemente".[166] Porque os mecanismos de neuroplasticidade, nesse momento inicial da vida estão mais maleáveis e mais aptos a reverter ou a atenuar os danos.

## 14.3 A criança como um sintoma familiar

Quando se trabalha com crianças, percebe-se reiteradas vezes que elas são um sintoma de uma condição familiar conflituosa. Isto é, o adoecimento do pequenino pode ser consequência de um desajuste da família. À semelhança de uma casa com telhado de vidro que tem alta probabilidade de ser violada nesse ponto frágil, o infante, em várias ocasiões, é o ponto mais vulnerável ao adoecimento.

---

[165] Nota do autor: Entre esses eventos adversos, chama-se atenção para abuso sexual, violência física, perda de pais e abandono.

[166] Nota do autor: Entretanto, se esses danos forem muito precoces, envolvendo uma etapa inicial do desenvolvimento cerebral, podem ser muito mais danosos.

Em muitas oportunidades, são até o alvo de investidas parentais negativas. Como, por exemplo, quando sofrem abusos sexuais ou quando possuem pais transtornados que fazem ligações patologizantes com os pequeninos. É o caso de pais, e em geral mães, que vivem em função de achar uma doença grave em seus filhos, submetendo-os aos mais diversos procedimentos médicos e diagnósticos.[167] Em outras situações, os pais estabelecem um vínculo simbiótico com seus filhos que prejudica o desenvolvimento emocional dos pequenos.[168] Ocorre, igualmente, em momentos de separação parental traumática em que uma das partes utiliza, por meio de jogos psicológicos, seus filhos como se fossem aliados ou algo semelhante.

Assim, tratando-se somente o pequenino será difícil reverter a situação.

### 14.4 Vínculos com os pais[169]

Vale ressaltar, igualmente, que os pais sempre deixarão marcas indeléveis nos filhos.

---

[167] Nota do autor: Muitas vezes, esse quadro está inserido no que se chama de Síndrome de Münchausen, como se verá no capítulo 3 da parte 2 deste livro.

[168] Nota do autor: Além da possibilidade levantada na nota 165, existem outras condições que facilitam essas ligações pais-filhos patológicas, como pais que possuem graves transtornos de personalidade, ou graves doenças psiquiátricas ou complicadas dependências químicas.

[169] Nota do autor: Sobre a ligação pais e filhos, sugere-se também ler *O evangelho segundo o espiritismo*, de Allan Kardec, sobretudo o item "A parentela corporal e a parentela espiritual" de seu capítulo XIV — "Honrai o vosso pai e a vossa mãe".

E esses registros acompanharão o ser para sempre.

Sabendo disso, no primeiro momento, é provável, o futuro adulto culpará seus genitores por tudo.

Mais amadurecido, no entanto, dar-se-á conta de que, em muitas ocasiões, os recursos parentais de amor e de sabedoria eram poucos e que educar os filhos, ao mesmo tempo que tem ares de missão, segundo o Espiritismo, é uma das mais difíceis tarefas.

Posteriormente, perceberá que ele teve, até em matéria de pais e de família, aquilo que era necessário e de direito para o próprio crescimento. Dessa maneira, aprenderá que o próprio futuro dependerá, em grande parte, dele mesmo.

## 14.5 Carga reencarnatória

Além da questão parental e familiar, doenças que atingem muito precocemente o sujeito, notadamente as de natureza mental, têm um grande apelo reencarnatório. Ou seja, traduzem grandes pendências herdadas de existências anteriores.

Particularmente, nessa área neuropsiquiátrica, a utilização precária dos recursos da inteligência tem seu grande cenário de atuação.

\*\*\*

Vale resumir que a criança e o adolescente:

São, muitas vezes, sintomas de um desequilíbrio familiar.

Têm os motivos reencarnatórios para o adoecimento mais fortemente presentes.

Particularmente, na adolescência, o grande aumento de incidência de transtornos mentais deve-se, em parte, às modificações psíquicas que ocorrem devido ao marco no processo reencarnatório dessa fase.

Estão mais suscetíveis às adversidades, sobretudo se estas forem persistentes.

Por outro lado, podem acionar mecanismos adaptativos mais facilmente do que os adultos.

Por isso mesmo, recebem grandes influências parentais, porém não podem esconder-se na vitimização, já que possuem responsabilidades e possibilidades de resiliência.[170]

***

Pergunta – *Que é o que motiva a mudança que se opera no caráter do indivíduo em certa idade, especialmente ao sair da adolescência? É que o Espírito se modifica?*

Resposta – *É que o Espírito retoma a natureza que lhe é própria e se mostra qual era [...].*[171]

---

[170] Nota do autor: Resiliência é um termo emprestado da física que, nas ciências da psique, é empregado para caracterizar a capacidade de enfrentar e vencer as adversidades, saindo fortalecido ou transformado positivamente delas.

[171] KARDEC, Allan. *O livro dos espíritos*. Q. 385.

# PARTE 2
# CASOS[172]

---

[172] Nota do autor: Os casos aqui relatados foram escritos de tal modo que preservam a identidade e a intimidade dos médicos, das pessoas com doença mental e dos médiuns espíritas envolvidos nas descrições. Para tanto, preservando-se a essência da história, modificaram-se outros dados irrelevantes para o aprendizado, como nome, sexo, idade. Assim, eles têm somente um fim didático. O autor, outrossim, faz questão de frisar, como já parece estar evidente, e como ficará ainda mais notório, a necessidade da ajuda profissional em situações de transtornos psiquiátricos, por meio de médicos psiquiatras associados a outros terapeutas, como psicólogos, terapeutas ocupacionais, etc. e não só de ajuda em centros espíritas.

# Renascença da alma

*(Versos de carinho e gratidão a um chefe e amigo de outras reencarnações, que hoje reencontrei, sob o amparo de um manicômio)*

Lembro-te, Soberano, as incursões bizarras...
Ordenas invasões... Feres, vences, dominas!...
Deixas a estrada em fogo, os castelos em ruínas,
Agonia e pavor nas terras onde esbarras!...

Tudo a morte levou... Os troféus e algazarras,
As armas, os brasões e as tropas libertinas...
E encontrei-te, hoje, oh rei!... Clamas e desatinas,
Reencarnado no hospício a que, louco, te agarras...

Dói ver-te inerme, assim, lívido e descomposto
Na laje celular por trono de recosto!...
Mas louva as provações, ditoso por sofrê-las!...

Findo o resgate justo, um dia, tempo afora,
Terás de novo um reino e os amigos de outrora,
Nos impérios do amor, para além das estrelas!...

**Epiphanio Leite**[173]

---

[173] Nota do autor: Poema psicografado por Chico Xavier, constante no livro *Poetas redivivos*.

# 1 Do campo de batalha à esquizofrenia

— Dominar tudo!
Foi essa a ordem que o poderoso general recebeu.
Servindo a violento feudo, deveria liderar seus soldados para a dominação de desprotegidos vilarejos vizinhos. A vitória era uma consequência natural.
Possuindo, entretanto, grande cota de crueldade e vários vícios na área da sexualidade, ampliou o mando à tropa nos seguintes termos:
— Matem todos os homens. Que eles sejam queimados vivos em enormes fogueiras! Só deixem vivas as crianças e as mulheres. Porém, usem da forma que quiserem todas as mulheres e o façam na frente de seus maridos e de seus pais para que eles, ao mesmo tempo que sentem seus corpos queimando nas labaredas, sintam também suas almas perder a dignidade! Todos entenderão o poder de nosso reino!
E assim aconteceu...

Como a Lei de Deus, porém, chega para todos, depois de sua morte, viu-se profundamente atormentado pelas imagens mentais geradas pelas próprias crueldade e perversidade sexual. Ao mesmo tempo, esse tormento modificou-lhe de tal modo o corpo perispiritual que se viu completamente transfigurado. Simultaneamente a isso, as antigas vítimas, inúmeras, esperavam-no no Além-Túmulo, aumentando-lhe a desdita e o sofrimento.

Somente depois de bastante tempo é que conseguiu tentar novamente reencarnar. No entanto, até mesmo pelo processo de grande mutilação no perispírito, não logrou fazê-lo, culminando várias tentativas em abortamentos espontâneos.

Após muitos séculos, no entanto, conseguiu a bênção de uma reencarnação. Aparentemente, seu corpo era perfeito. Na realidade, possuía uma plástica invejável — alto, forte e belo.

Entretanto, desde criança, fortes tormentas sacudiram sua existência — abandono do pai; violência sexual pelos padrastos; uso de drogas, sobretudo maconha; e prostituição do próprio corpo desde jovem...

Isso até o final da adolescência quando, em meio a um surto psicótico, a esquizofrenia se lhe apresentou.

Vozes com conteúdos cruéis! Delírios de cunho persecutório! Sensação de que todos ouviam seus próprios pensamentos e o vigiavam! Total quebra em sua curva de vida...

Esse quadro culminaria em uma tentativa de suicídio ao colocar fogo no próprio corpo, atormentado pelas alucinações e pelas ideias delirantes...

— Nós iremos matá-lo queimado vivo! Não sou, apenas, eu; muitos o odeiam por terem sofrido com o seu guante cruel! — revelava um atormentado obsessor em equilibrada reunião mediúnica espírita.

E, continuando a reunião, o Espírito sofredor dizia:

— Eu era um homem pobre, porém digno. Vivia com minha esposa e minha filhinha em pequena propriedade. Sobrevivíamos com o próprio trabalho quando as tropas que ele liderava vieram-nos matar. Eu, com as carnes queimando em brasa, senti minha alma perder qualquer indício de bondade que possuía ao vê-lo estuprar minha mulher e minha filha! Ainda posso sentir o choro de ambas! Maldito!

Aquele relato doloroso era comovedor. Não se tratava de um Espírito cruel, mas de alguém que sentiu no íntimo o peso de dura maldade, não conseguindo, ele mesmo, desvincular-se do ódio que esta gerou nele.

No entanto, após belíssimo diálogo, foram-lhe aplicados passes a fim de que aquelas imagens, fixadas em sua tela mental há séculos, pudessem ser atenuadas para que ele conseguisse sentir a presença da própria filha que vinha abraçá-lo, já que ela mesma conseguira desvincular-se do rancor por intermédio do perdão, o que lhe possibilitou sublime libertação daqueles momentos dolorosos outrora vividos.

Profundamente tocado com a presença da idolatrada filha, o sofredor Espírito escutou as palavras inspiradas do dialogador:

— Vê, não precisas mais vingar teus amores. Tua filhinha há muito já se libertou e espera ansiosa por ti. Não penses que Deus precisa de tua presença para que o antigo general sinta as consequências do ato perpetrado no passado. Mesmo sem ti, a esquizofrenia já se instalou nele. Na realidade, nesta atual reencarnação do antigo guerreiro, já estava programada a doença mental. A esquizofrenia, sendo uma enfermidade que atinge o neurodesenvolvimento, já veio para ele como consequência das próprias perturbações mental e perispiritual. Vai, segue teu caminho. Liberta-te do próprio passado e do ódio.

— Irei. — falou em prantos. — Porém, outros ficarão, porque são muitos!

Ainda comunicaram-se outros Espíritos, vingativos uns, sexualmente desvairados outros, todos, contudo, vinculados tormentosamente com o atual doente.

— Doutora, ontem tive a melhor noite de sono de minha vida! — Comunicou o agora paciente, no dia seguinte à primeira reunião de desobsessão, à nobre médica que lhe acompanhava o caso.

Obviamente, a doença não remitiu. Naquele momento, porém, os sintomas atenuaram e ele conseguiu receber alta hospitalar.

Apesar disso, seu quadro mantinha momentos de grandes exacerbações, caracterizando, até, grande dificuldade no tratamento.

Sua doença nunca ficou totalmente controlada, ou seja, sempre restava algum sintoma que conseguia ser manejado pelo próprio paciente. E isso mesmo com os mais efetivos medicamentos; com diversos suportes psicoterápicos e sociais, e com várias reuniões de desobsessão — as quais, particularmente, sempre eram recheadas de várias entidades obsessoras diferentes que vinham e contavam suas histórias pessoais com o antigo general, as quais guardavam muitas coisas em comum ao evento supracitado.

Em algumas ocasiões, os obsessores informavam que nenhum medicamento iria ajudá-lo porque eles mesmos iriam cuidar para que os piores efeitos colaterais acontecessem impossibilitando a continuação da terapêutica. Nesse particular, somente depois de várias tentativas é que se conseguiu chegar a um remédio muito efetivo que lhe controlou os sintomas e não lhe trouxe nenhum evento adverso. E, simultaneamente às trocas farmacológicas, insistia-se, sempre, nas reuniões mediúnicas a fim de tentar prevenir qualquer eventualidade nesse sentido.

Saliente-se que o paciente nunca abandonou o tratamento médico. Sempre procurou ajuda. E, aos poucos, foi aprendendo a lidar com a própria enfermidade.

Como a sua, no entanto, era uma situação de vida expiatória muito grande, nos momentos em que ele melhor se apresentava, do ponto de vista do controle dos sintomas esquizofrênicos, a sintomatologia de tristeza lhe dominava intensamente, caracterizando o que a Psiquiatria chama de *depressão pós-esquizofrênica* (ou pós-surto esquizofrênico).

## 2 Quando a integralidade permite tranquilidade

— A jovem espírita, infelizmente, surtara! — foi a notícia dolorosa que correu.

Preocupados, companheiros sinceros de ideal logo providenciaram apoio aos familiares e orações sentidas.

Meses depois, a médica proferia a sentença cruel para um pai e para uma mãe:

— Ela tem esquizofrenia paranoide...

— E como faremos? — perguntavam os irmãos um pouco mais calmos do que o genitor.

— Graças aos avanços da Psiquiatria, hoje temos tratamento eficaz.

— Até quando?

— Indefinidamente... Para a vida toda, certamente, pois o tratamento não cura, somente controla a doença.

— Mas ela poderá voltar a ter esses surtos?

— Não podemos garantir que não. As medicações diminuem e muito a chance, já que controlam a doença, como falei. Entretanto, não podemos dizer cem por cento que nunca mais ela terá. Particularmente, recomendo que não fique somente nas medicações. Tente estimular nela outras atividades da vida, quem sabe a parte religiosa, se ela tiver. Verifico, na prática, que um convívio religioso equilibrado tem feito muito bem a vários de meus pacientes. De igual maneira, quem sabe, pelo menos nesse momento inicial, um espaço de fala no qual, em uma psicoterapia, ela possa ir se abrindo, falando dos próprios temores e da própria vida.

Os genitores, nem os familiares, nunca chegaram a saber, ao certo, o passado espiritual da filha. No entanto, proporcionaram para ela uma abordagem terapêutica integral, abrangente, indo além da Medicina.

No início, psicoterapia. Mais tarde, estudos no ritmo que ela suportava, culminando com um trabalho digno. E, sempre, o tratamento psiquiátrico.

E, indo além, a parte espiritual sendo trabalhada. Nesta, não somente passes, desobsessão e água fluidificada — *o que seria o mais comum*. Contudo, a laborterapia cristã-espírita, modificando-lhe o íntimo e criando ao redor dela um halo de equilíbrio. Obviamente, não como médium propriamente dito, que nunca o foi, nem viera com essa tarefa. Mas como simples e nobre tarefeira de Jesus.

— Essa jovem tem esquizofrenia? — Muitos se perguntavam, já que notavam, somente, diferenças mínimas no comportamento, facilmente atribuíveis, somente, ao temperamento.

E nunca mais tivera descompensações psicóticas.

## 5 Outras formas de poder... E de perder

Poder, dinheiro, beleza, luxúria... Uma vida inteira de conquistas terrenas!

Sob o seu domínio, enquanto mulher extremamente poderosa, as vidas de várias pessoas foram perdidas, em geral prisioneiras e pela fome, a título de aumentar as próprias conquistas. Qualquer um que não seguisse suas normas, recebia o trágico final.

— Água! Eu tenho sede! Ela me matou à míngua... em uma masmorra! — sussurrava chorosa a entidade, pelo intercâmbio de nobre médium.

— Iremos matá-la de fome. Miserável! Faremos o mesmo que ela fez conosco! — vociferava outro obsessor.

Muito bela, a quase rainha era admirada por todos os homens que a desejavam ardentemente. Vaidosa, não se deixava vincular a algo que fosse sinônimo de diminuição dos seus prazeres.

# 3 Dois casos de catatonia

Coração crescido, falta de um rim, tumores de repetição, infecções repetidas em várias partes do corpo — aquela pobre menina assim crescera pensando possuir.

Infelicitada por uma mãe, profundamente conturbada por uma das condições mais complexas da Psiquiatria, crescera pensando ter esta e outras doenças. E, consequentemente, toda a sua infância e adolescência foram envolvidas por hospitais, exames médicos e investigações diagnósticas.

Na realidade, todos esses fatos e um arsenal enorme de diagnósticos unicamente existiram em um único lugar — na mente desvairada de sua própria mãe.

Esta encabeçava as fileiras dos portadores de transtorno factício em seus dois aspectos — a síndrome de Münchausen e a síndrome de Münchausen por procuração. E seu caso era tão grave que, em algumas ocasiões, seus relatos poderiam ser enquadrados em ideias deliroides.

Nessa doença, o paciente, de modo compulsivo e deliberado, causa, provoca ou simula sintomas de doenças para ele ou para seus filhos — quando é chamada por procuração. Em fazendo isso, tem o principal objetivo de receber cuidados, tratamentos ou investigações médicas.

Para uma pobre criança que tem um dos pais com essa condição, é um verdadeiro suplício, uma enorme expiação!

A garota, assim, vivia na sombra tirânica da mãe, que funcionava como grande devoradora de sua subjetividade. Desgraçada, ainda sofrera *bullying* e não tivera contato com o pai.

Como consequência disso e de outras vidas comprometidas, mais tarde em sua existência a garota abriu um quadro de esquizofrenia catatônica, ficando em alguns estados de completa imobilidade e com comprometimentos crônicos na fala e na psicomotricidade.

Por ocasião de um desses estupores catatônicos, levou-se o caso em tela para a reunião de desobsessão. Para surpresa, a catatonia estava muito mais vinculada a questões psicodinâmicas e a alterações biológicas. Ela não sofria subjugação. Ao contrário, os obsessores desencarnados que se apresentavam estavam muito mais com a mãe.

Até porque, em uma visão espiritista, a jovem já tinha uma verdadeira obsessora reencarnada e ao lado dela — a própria mãe!

\*\*\*

Apesar disso, um outro caso chamou atenção do médico psiquiatra. Ele mesmo sendo sensitivo, acompanhava um rapaz também com esquizofrenia catatônica. No contato com este, o esculápio[174] percebera algo além — fazia-se os medicamentos adequados, o paciente respondia muito bem e saía do estupor, porém, pouco tempo depois, voltava ao estado de imobilidade e/ou de grande lentificação. Certamente, essa característica é bem comum em casos de catatonia. No entanto, ele sentira algo de diferente.

Em reunião de desobsessão, constatou-se a presença de obsessores.

No entanto, em certo dia, enquanto examinava seus pacientes em enfermaria psiquiátrica, o médico, por meio da mediunidade intuitiva, no momento em que o supracitado entrava em novo estupor catatônico, recebeu interessante orientação.

— Continua escrevendo no prontuário dele, meu filho. Tenta permanecer com o pensamento elevado pelas boas reflexões. E, enquanto isso, estaremos realizando uma pequena ajuda espiritual utilizando também teus fluidos.

E, em seguida, os benfeitores complementaram:

---

[174] N.E.: O mesmo que médico. Vem do latim *Aesculapius*, o deus da Medicina e da cura, na mitologia greco-romana.

— Este rapaz sofre grave doença. Grande parte de sua catatonia vem da própria alteração em seus neurotransmissores cerebrais. A obsessão que sofre, geralmente por meio da subjugação, vem piorar-lhe o quadro. De outras vezes, porém, é a influência espiritual o gatilho para o desequilíbrio cerebral que culmina em novo estado de estupor. Agora, aproveitamos o ensejo para fortalecer-lhe o organismo físico.

\*\*\*

Dois casos de catatonia. E os motivos principais bem diferentes.

# 4 Perda, conversão e subjugação

— Foi muito difícil ver minha mãe morrer daquela forma! — confessava o paciente, depois de certo tempo de tratamento psiquiátrico.

Com uma vida muito ativa, sucumbiu ao choque da perda materna. Sua mãe morrera acometida, abruptamente, por um acidente vascular encefálico (AVE) grave. E muitas questões mal resolvidas existiam entre ele e ela.

Inicialmente, apresentou sintomas depressivos e ansiosos de grande intensidade. Posteriormente, a grande surpresa, ele passou a ter quadros que se assemelhavam muito a um AVE. Metade do seu corpo paralisava de modo a impressionar os médicos, inclusive neurologistas, que, pensando ser um "derrame",[175] instituíram a terapêutica para essa doença.

Entretanto, conforme o tempo foi passando, a evolução do quadro clínico demonstrava que algo estava

---
[175] Nota do autor: Como é conhecido popularmente o AVE.

errado e que, provavelmente, não eram os neurônios que haviam sofrido alguma isquemia, mas os aspectos funcionais da mente que tinham sofrido uma morte. O suposto AVE, com as suas repercussões no déficit motor, ia e vinha ao sabor das pressões inconscientes.

Assim, novamente sob os cuidados da Psiquiatria, fez-se uma série de exames, entre eles ressonância magnética do crânio. Todos normais. De fato, tratava-se de um quadro de natureza conversiva, anteriormente chamado de histeria.

Além disso, e depois de saber que não tinha tido, realmente, um AVE, a dor era tão grande que, em algumas ocasiões, as pressões inconscientes faziam com que ele ficasse altamente regredido, agindo e falando como se fosse uma criança.

Instituída a terapêutica médica psiquiátrica e psicológica, logo se percebeu a necessidade de dar um suporte maior com a parte espiritual.

Desse modo, em reunião mediúnica séria em respeitável centro espírita, dialogou-se com obsessores que claramente subjugavam o paciente. A médium da desobsessão, que de nada sabia, com a imantação fluídica do Espírito inferior, passava a ficar com alterações e uma postura semelhantes ao paciente. Profundamente sofredores, os Espíritos mal conseguiam comunicar-se, recebendo mais as bênçãos de um passe e do choque anímico favorecido pelo transe mediúnico.

Pouco tempo depois de ter iniciado o tratamento com os psicofármacos e com a psicoterapia, bem como de ter acontecido a reunião de desobsessão, o paciente conseguiu sair do quadro mais agudo.

Ainda persistiu com momentos em que dizia parecer sentir o mesmo desfalecimento corpóreo, não mais com a mesma intensidade. Igualmente, a angústia, que outrora vinha fundamentalmente pelo quadro conversivo, passou a apresentar-se somente pelo transtorno de humor.

Outras reuniões mediúnicas foram realizadas. E, paulatinamente, o processo obsessivo grave foi cedendo lugar, à medida também que o obsessor foi diminuindo o próprio tormento com a ajuda dos passes que recebia da dialogadora, bem como do choque anímico produzido pelo intercâmbio com o médium. Com o tempo, conseguiu comunicar-se. Tratava-se de um Espírito muito revoltado e sofredor, que em existências anteriores tinha perdido a chance de reencarnar por causa de um abortamento provocado pelo atual paciente, o qual, em vidas passadas, havia tomado corpo feminino, como pode acontecer segundo as explicações de *O livro dos espíritos*. O Espírito sentiu-se amargurado, abandonado, sozinho e transfigurado pelos instrumentos que provocaram o aborto, passando a ficar ligado ao paciente. Porém, nunca tinha conseguido estreitar tão intensamente essa ligação. Contudo, no momento em que o atual obsediado sofreu o choque psicológico pela perda da mãe e ficou ele próprio se sentindo sozinho, abandonado e inseguro, foi criado o ambiente mental propício para o estreitamento da obsessão que culminou em uma verdadeira subjugação.

Assim, o obsediado, registrando as energias do perispírito deformado do obsessor, bem como bastante impressionado pela imagem mental da morte materna pelo AVE, além do quadro depressivo, passou, inconscientemente, a converter a dor em sintomas físicos. Estes não tinham um substrato de déficits neuronais. No entanto, possuíam um porquê inconsciente e obsessivo.

Os medicamentos passaram por ajustes posteriores. A psicoterapia, também, progrediu. E o paciente, já não mais subjugado, e bem tratado pelos profissionais da saúde, conseguiu reverter a depressão e o transtorno conversivo.

Por isso mesmo, provocou em si vários abortamentos...

— Cruel! Ela deveria ser a minha mãezinha, mas não me permitiu o retorno! — falava muito choroso o Espírito sofredor.— Apenas por vaidade?! Não consigo perdoá-la. Não me peça!

— Compreendemos a tua dor, meu amigo. — respondeu a inspirada dialogadora. — E, devido a isso, não te pedimos para perdoá-la agora. Sabemos o quão difícil seria, ainda, isso para ti. Contudo, pensando em ti é que te propomos deixá-la, em teu próprio benefício. Quanto tempo tens perdido continuando ligada a ela...

O raciocínio esclarecido aliado à amorosidade, não só nessa fala, mas ao longo da reunião mediúnica apenas parcialmente narrada aqui, tocaram profundamente a entidade.

— Não sei mais como. Eu estou imantado a ela. E, mesmo que eu me vá, vários outros permanecerão.

— Nós, porém, te ajudaremos.

Tratava-se de um caso de verdadeira subjugação, no qual, vários obsessores, que à antiga dominadora estavam ligados há muito tempo, conseguiam aprofundar as conexões fluídicas naquelas últimas semanas, aproveitando o quadro depressivo que ia aumentando na obsediada, até chegar a subjugá-la.

A antiga poderosa, agora em outra reencarnação, passava por uma depressão que piorara de gravidade, fazendo com que ela ficasse boa parte do tempo prostrada na cama, sem forças e se alimentando muito pouco.

Além desse quadro, ela tinha primordialmente um transtorno dissociativo.

Desde jovem, teve uma vida traçada por algumas privações, culminando na falência de um negócio, curiosamente na área alimentícia.

Logo depois desse acontecimento, abriu o seu quadro psiquiátrico caracterizado por muita agitação psicomotora, como se estivesse em um transe, falando numa linguagem estranha e sem grande sentido. A partir daí, dizia-se médium possuidora de grandes dotes e, até, com certos poderes missionários.

Na realidade, como se viu ao longo do acompanhamento médico e psicológico, tratava-se de uma dissociação da própria mente, a histeria estudada por Freud,[176] na qual a paciente, não suportando o fato de não ter mais o poder de outrora, criava inconscientemente fugas psicológicas que pudessem compensá-la com algum poder, mesmo que fosse místico.[177]

---

[176] Nota do autor: O nome histeria vem da ligação que se fazia, nos primórdios da Medicina, com o útero (*histero* = útero). Achava-se que essa doença só atingia mulheres, quando o útero subia para a cabeça delas. Atualmente, tal teoria só tem valor histórico, além de se saber que homens, na homo ou na heterossexualidade, também podem ser atingidos. Curioso, no entanto, é notar neste caso e em outros, os graves erros cometidos no campo genésico e, muitas vezes, com abortamentos.

[177] Nota do autor: Esse transtorno dissociativo, em um paralelo com os postulados espíritas, é como se fosse um animismo tresloucado. No animismo, são produzidos fenômenos com os recursos da própria alma de modo, mais ou menos, equilibrado e, mais ou menos, inconsciente. Na dissociação da mente, por sua vez, há a doença que brota, sobretudo, do próprio inconsciente do ser, ou seja, da própria alma.

Os transes, portanto, não eram comunicações de Espíritos desencarnados, mas uma janela que o inconsciente encontrava para satisfazer os próprios desejos.

Ao longo do trabalho psicoterápico, ao mesmo tempo que seu psiquismo se dava conta de que não possuía essa mediunidade almejada, entrou em grande tristeza e, com a depressão, facilitou a mudança das antigas obsessões em subjugação.

Aliando o tratamento médico e a psicoterapia com a assistência complementar espírita, sob os postulados equilibrados de Allan Kardec, em respeitáveis instituições, conseguiu recuperar-se das doenças depois de algum tempo.

# 6 Sessenta anos depois... E os mesmos conflitos

Grande parte de nossas vidas foi pautada em regras e costumes. De tal sorte que, corriqueiramente, acostumamo-nos a querer normativas estáticas que, de certo modo, possam isentar-nos da reflexão antes da tomada de decisões.

Balanceando essa tendência está o fato de que tudo aquilo que fizermos resultará em consequências. Seremos herdeiros de nossas escolhas...

\*\*\*

— Doutor, eu vim para o senhor prescrever meu remédio — falou a senhora octagenária ao jovem médico.

— Minha senhora, desculpe-me, mas esse não é o papel deste serviço. Aqui tentamos resolver os casos de emergência. E a tua demanda é de ambulatório, o teu médico pode prescrever na próxima consulta que tiveres com ele. — respondeu o psiquiatra que estava de plantão naquele dia.

— Mas, doutor, eu não faço acompanhamento com ninguém e já tomo esses medicamentos há muito tempo. Sempre fico pegando as receitas com um e com outro. Às vezes, pego emprestado de algum conhecido que também usa. Acho que já estou dependente... — tratava-se de um fármaco com propriedades ansiolíticas, entre outras ações, e que, de fato, é um dos poucos remédios que, com o uso prolongado, pode levar à dependência química.

Naquela altura, o jovem esculápio já se encontrava interessado em saber um pouco mais sobre a história daquela senhora que procurava atendimento, esperando, inclusive, largo tempo para consegui-lo.

Depois de verificar qual era o remédio, o médico questionou há quanto tempo ela já fazia uso e por qual motivo começou a fazê-lo, surpreendendo-se com a resposta:

— Já faz sessenta anos ou mais que comecei a usar esse medicamento... Sem ele eu não durmo... Eu sou doida!

Aquele somatório de anos, bem como a fala honesta e inesperada, chamaram a atenção do jovem.

Dessa forma, sabendo que aquele fármaco não era tratamento para uma suposta loucura, assim como quem a tem não a reconhece ter tão abertamente, ponderou:

— Minha senhora, este remédio não é para "doido" — falou em tom jocoso —. E, de fato, pelo largo tempo que te tratas com eles, já tens uma dependência química. Poucos remédios da Psiquiatria podem levar a isso, entretanto esse tipo de ansiolítico é um deles.

E, mudando o tom de voz, indagou:

— Gostarias de me contar como começaste a usá-lo para dormir?

Naquele momento, o influxo carinhoso e interessado do psiquiatra fê-la emocionar-se. Por certo, um filme passou na mente daquela mulher com muitos janeiros e, não conseguindo segurar a emoção, deixou as lágrimas caírem tímidas pelo rosto. E, a um só tempo, passou a apresentar uns movimentos irregulares no abdômen.

Prontamente, uma acompanhante que se fizera calada até então passou a explicar:

— Doutor, ela tem essas "coisas" na barriga há muitos anos. Parece até que ela está grávida! Mas já foram feitos vários exames — ultrassonografia, tomografia — e nada foi encontrado. Aí, o clínico disse que ela precisava procurar um psiquiatra e que não deveria parar de usar o remédio até procurar um especialista. Ah, doutor, esta mulher já sofreu tanto nesta vida!

Tanto a senhora quanto essa acompanhante eram pessoas carentes socialmente. Olhando aqueles rostos cansados e gastos pela dureza dos dias sofridos, estimava-se um pouco as dificuldades já encontradas por ambas.

Contudo, porque o silêncio se fizesse propício e o médico olhasse a paciente atenciosamente, esta passou a explicar:

— Eu era muito nova quando fui internada pela primeira e única vez em um hospital psiquiátrico.

— E o que aconteceu?

— Obrigaram-me a tirar meu filho. Eu ia me casar, mas, antes do casamento, acabei cedendo às tentações do meu pretendente. E, naquele tempo, era preciso permanecer virgem até as núpcias, mesmo que já se estivesse prometida e noiva. Algumas vezes, quando o pretendente conseguia ter relação antes, abandonava a mulher a pretexto de ela se ter vulgarizado. E foi o que aconteceu comigo. Grávida antes de ser casada, recebi a calúnia e o desprezo como recompensas. Meu noivo e meu pai, então, insistiram no abortamento. Seria a melhor solução para todos. No início, eu não queria. Entretanto, percebi que seria, de fato, o melhor. E, desse modo, abortei o meu filho... logo depois, tive um surto... fiquei louca! Acabei sendo internada. Estava com cerca de 20 anos naquela altura. Saí bem e, desde então, uso esse remédio para dormir.

— E como ficaste depois? Voltaste a ter novo "surto"?

— Não, nunca mais precisei ser internada. Anos depois, casei-me. Tive dois filhos. Cuidei bem do meu lar e fui uma esposa fiel, bem como dedicada. Mas creio, doutor, que nunca mais fui a mesma. A felicidade abandonou meu sorriso.

— E quando começaram esses movimentos abdominais?

— Faz muitos anos. Logo depois que meus filhos saíram de casa, meu marido faleceu. Em seguida, comecei a perceber esses "chutes". Acho que é gravidez... Será que é meu filho, doutor?

Aquela pergunta não tinha uma resposta fácil a ser dada, já que se tratava de vários questionamentos em um só. Toda uma vida ali estava embutida e precisava ser revista.

***

É bem verdade que, nas escolhas que fazemos na existência, muitos atores entram em cena, dando a sua parcela de contribuição. No final, porém, seremos apenas nós e os nossos atos — como me ensinou alguém —, e, por mais que o outro tenha dado a sua cota de responsabilidade, passaremos pelas consequências do que tivermos escolhido fazer.

# 7 Do vazio à vampirização

De tão endurecidos, os obsessores não conseguiam verbalizar nenhuma palavra inteligível. Como verdadeiros animais, bramiam ferozmente. Não fosse a destreza dos experimentados médiuns espiritistas aliada à habilidade do dialogador que, percebendo o estado mental deles, de chofre passou a aplicar-lhes passes, e a reunião mediúnica poderia ter sofrido sérios atropelos. Em poucas ocasiões, aquela desobsessão havia recebido Espíritos tão tresloucados.

Em seguida, uma terceira entidade que estava em verdadeira simbiose perispiritual com a jovem atormentada se comunicou. E revelou a sua história depois de longo diálogo com o dialogador.

— Eu a amava intensamente. Ela, porém, era leviana. Dominou-me por completo. Aliás, conseguia dominar tantos quantos quisesse com as suas intrigas e manipulações. Tinha, na verdade, um grande poder e rara beleza.

E, depois de uma pausa, completou:

— Esses animais que se comunicaram já foram homens um dia. Mas, torturados e humilhados por largos anos a mando dela, esqueceram-se da Humanidade que possuíam. Não percam, portanto, o tempo de vocês. Eu e vários outros estaremos sugando a vitalidade e a beleza que ela possui!

E, caindo em debochadas gargalhadas, obtemperou:

— Aquele corpo é somente uma capa! Ela já está desfigurada! — o obsessor falava isso referindo-se ao perispírito da moça. — Ela deseja morte! Nós a queremos morta!

Os médiuns não sabiam, mas tratava-se de uma jovem esteticamente muito bela mas que, cronicamente, sentia um vazio existencial, uma falta de propósito para viver, desejava a morte — pensava em morrer, lia coisas macabras e vestia-se enlutada — e achava-se extremamente feia — por certo, resquício das impressões do próprio perispírito e da própria psicosfera. Além disso, era intensamente instável, extremada em tudo, bastante manipuladora e usava da sexualidade para conseguir algumas coisas, sobretudo a sensação de ser amada. Curiosamente, comilona, não conseguia engordar e se sentia desde muito cedo fatigada, sem forças, exaurida — consequência, também, do processo de vampirização que, de tempos em tempos, sofria.

Do ponto de vista médico, tinha, na verdade, um transtorno de personalidade *borderline*[178] e, de vez em quando, fazia quadros depressivos.

Com o jeito de ser que guardava muitos traços de suas vidas passadas mal vividas[179] e marcado pelo vazio, pela manipulação e pela instabilidade, ao sabor dos reveses da vida, era pasto fácil para vários Espíritos que a acompanhavam. Nessas ocasiões, eles instalavam ou aumentavam a vampirização, piorando-lhe o quadro, que, em geral, culminava em uma recrudescência do estado depressivo.

Altos e baixos, fugas e retornos à psicoterapia e ao tratamento médico. E, igualmente, evitava coisas que lhe trouxessem reflexões, pouco indo ao centro espírita, de onde recebeu pequena base na adolescência.

Por conseguinte, períodos de turbulência e de acalmia, sobretudo de acordo com as adversidades inerentes à vida, com as interrupções ao tratamento ou com a falta de engajamento nele. E, por isso mesmo, momentos de maior ou menor influência obsessiva vampirizadora.

Infelizmente, este é o *script* de várias criaturas que possuem características de personalidade extremamente conflitantes e que não investem na mudança de si mesmas...

---

[178] N.E.: É um distúrbio mental com padrão característico de instabilidade na regulação do afeto, no controle de impulsos, nos relacionamentos interpessoais e na imagem de si mesmo.

[179] Nota do autor: E que não conseguiu ser totalmente tolhido com a educação dos pais, os quais também carregavam grandes torturas eles próprios.

# 8 Crueldade nata e a presença da lei

Curiosamente, os jovens enamorados formulavam planos de, independentemente de qualquer coisa, após o casamento e no futuro, adotar uma criança. Era o desejo que ambos nutriam de modo bem peculiar.

Para a surpresa geral, no entanto, biologicamente, eles não puderam gerar filhos.

Com naturalidade, então, até mesmo pelos planos anteriores, adotaram duas crianças sem grandes exigências, como, muitas vezes, é comum acontecer.

Rejeitado pela mãe biológica de maneira horrenda, abandonado no hospital, um dos filhos tão logo deu sinal dos primeiros dias da adolescência, quando as tendências pretéritas guardadas no inconsciente profundo ressumavam, mostrou características lamentáveis de um transtorno de conduta que poderia evoluir, ao passar da idade, em uma personalidade antissocial.

Pequenos furtos aos bens dos próprios pais. Sutis atos de crueldade com os genitores e outros mais grosseiros com os animais. Grande tendência à mentira. Extrema dificuldade em seguir regras. Eram, apenas, algumas de suas características.

Além disso, os estudos sempre iam de mal a pior, devido a um transtorno de déficit de atenção e hiperatividade (TDAH)[180] não diagnosticado precocemente e, por isso mesmo, não tratado adequadamente.

Em reunião espírita de desobsessão, constatou-se que se tratava de um Espírito altamente comprometido em relação às transgressões perante às leis humanas e às Leis de Deus. Por muitas vezes, homicida, guardava profundos pactos com entidades perversas, sobretudo com uma que pretendia ter o domínio e que se comunicou em tom ameaçador.

Surpreendentemente, no entanto, porque a reunião supracitada foi realizada em momento de grande turbulência, o adolescente respondeu muito bem à mudança de medicamentos do TDAH,[181] às orientações educacionais para os pais, à ajuda espiritual e aos *insights* psicoterápicos que recebera.

A verdade, contudo, é que o passado, ainda vivo nele, exteriorizava-se pelos traços da personalidade, a qual ia sendo formada nesta existência, dando largo

---

[180] Nota do autor: É muito comum o chamado TDAH vir associado a um transtorno de conduta. Isso piora e muito a perspectiva de tratamento de ambas as condições.

[181] Nota do autor: Até porque não existem medicamentos que mudem o jeito de ser, que tratem profundamente os transtornos de personalidade ou, antes destes, os de conduta. Os medicamentos, nessas ocasiões, são somente sintomáticos ou para tratar as doenças psiquiátricas que, muitas vezes, vêm associadas.

campo para a atuação dos antigos comparsas. Assim, a obsessão mais intensa flutuava amplamente na vida dele, períodos em que os atos transgressores aumentavam.

Porém, com a ajuda dos pais e de outros familiares que, rotineiramente, colocavam o nome dele em reuniões de vibrações em respeitável centro espírita, os momentos de atenuação, igualmente, existiam.

Curioso, no entanto, notar um fato da Providência Divina — os pais adotivos eram juristas! Era a lei que era chamada a atuar mais de perto diante daquele Espírito fora da lei!

# 9 Depressão, inquisição e fragilidade familiar

A tristeza profunda passara a ser uma constante nos outrora calmos dias daquele homem de idade avançada.

Instituída a terapêutica psicofarmacológica por ponderada médica psiquiatra, logo os principais sintomas da depressão foram desaparecendo.

A angústia, entretanto, permanecia na cabeça do senhorzinho. Não se tratava mais de uma depressão, conforme os parâmetros médicos. No entanto, algo ainda persistia e merecia investigação e acompanhamento.

— Aquela família miserável! Receberão a tortura que fizeram com a carnificina da inquisição! Se não conseguimos pegar todos, faremos todos sofrerem através da dor daquele que para nós não passa de escória! — revelava, por meio do intercâmbio mediúnico em reunião exarada nos postulados de Allan Kardec, a entidade orgulhosa e dominada por profunda maldade.

E, ameaçador, completou:

— E não tentem fazer nada. Não se intrometam em meus assuntos. Do contrário, será pior para vocês!

Esse obsessor, em particular, não era uma vítima, mas alguém que reclamava a si mesmo as vezes de justiceiro.

Ainda na mesma reunião, outros Espíritos que sofreram diretamente, sobretudo por meio das mãos daqueles que na atual existência se reuniam na mesma família, com a tortura e com a fogueira inquisitoriais, fizeram-se presentes, recebendo os esclarecimentos oportunos e evangélicos.

Alguns diminuíram seus ódios e conseguiram desvincular-se. Outros permaneceram na vingança. E alguns, também por medo do "justiceiro", continuaram na desdita.

Confiantes, no entanto, na força do amor que a tudo protege com o amparo divino, os nobres trabalhadores espíritas continuaram no intento de ajudar.

Além disso, o próprio senhorzinho depressivo, revestido de méritos em sua atual reencarnação devido a uma vida pautada por outra nobre religião, conseguiu amealhar benefícios em favor de si mesmo e da família. Devido a isso, igualmente, o processo de doença não havia acontecido antes. E, da mesma maneira, não vinha com tanta força quanto poderia e como desejavam os obsessores.

A verdade, no entanto, é que a depressão que ele sofrera era o resultado de vários fatores: ele próprio passava por um período de grandes perdas; sua família, igualmente, estava dividida em intrigas; ele e os familiares possuíam um passado de culpas que retornava mais forte, através da obsessão para atingi-lo, que era o mais frágil fisicamente, e mexer também com os outros.

Sendo assim, além dos fármacos e da ajuda espiritual, por meio do Espiritismo e da própria religião abraçada pelo paciente e pelos familiares, era necessário fazer a reconciliação com os diversos adversários, conforme ponderou Jesus.[182]

---

[182] *Mateus*, 5:23 a 26.

# 10  STATUS EPILEPTICUS[183] E A PRESENÇA DO OBSESSOR

— Doutores, temos um paciente na sala de reanimação convulsionando! — avisou a técnica de enfermagem apressadamente.

Logo, os colegas médicos, recém-formados, dirigiram-se ao local.

Tratava-se de evidente crise convulsiva do tipo tônico-clônica generalizada em um rapaz. Assim, em alguns momentos, o jovem se debatia e, em outros, ficava extremamente rígido.

Prestamente, fez-se a proteção contra quaisquer acidentes provenientes da movimentação quase caótica, foi-se providenciado acesso venoso para as medicações, aferindo-se ainda clinicamente os sinais vitais e a oxigenação sanguínea por meio de aparelho específico.

O paciente havia, há alguns anos, sofrido acidente automobilístico, tendo, na ocasião, um traumatismo

---

[183] Nota do autor: Também chamado de estado de mal epiléptico, é caracterizado por crises convulsivas que se prolongam bastante, ou por duas ou mais crises repetidas que "entram" umas nas outras.

crânio-encefálico. Depois disso, havia tido, além desse relatado, outros dois. Sendo que o anterior havia demorado um pouco para passar, quando foi necessária uma intervenção médica semelhante àquela que se estava fazendo.

Apesar disso, o convulsionário não havia procurado nenhum tratamento neurológico, não usando, por isso mesmo, qualquer tipo de medicamento antiepiléptico.

Para surpresa, no entanto, dos galenos[184] a convulsão não cessava. Fez a primeira dose medicamentosa. A segunda. A terceira. A quarta. Seguiu-se todo o protocolo preconizado de modo correto. E nada.

O tempo já ia avançado. Quase sessenta minutos desde o início da convulsão. O risco aumentava cada vez mais.

Porque espíritas, porém, os médicos passaram a utilizar o recurso da oração enquanto auscultavam o coração do enfermo, no que jocosamente um deles chamava de *estetopasse*.

— Meu Deus, me ajude, me intua neste caso — pediu em oração o outro.

Pouco tempo depois, a convulsão clínica foi cessando, para alívio dos esculápios.

Estranhamente, entretanto, o paciente continuava com movimentos esquisitos que, muito embora

---

[184] N.E.: O mesmo que médicos. O termo vem do nome Claudius Galenus, famoso médico e filósofo da antiguidade romana.

não fossem mais crises epilépticas neurológicas, chamavam atenção.

Naquele momento, um Espírito benfeitor esclareceu para um deles, pelas vias da mediunidade intuitiva:

— Neste caso, a crise convulsiva neurológica iniciou-se quando o obsessor aproximou-se da vítima. Esta, tendo os fatores cerebrais predisponentes, devido à lesão ocorrida com o traumatismo craniano sofrido anos atrás, sofreu o impacto energético com os fluidos da entidade inferior, traduzindo-se em uma crise epiléptica nos moldes descritos pela Medicina. Entretanto, o que vês agora, ao mesmo tempo em que o paciente está no chamado estado pós-ictal, é somente a influência do obsessor, já que os medicamentos cortaram-lhe as possibilidades de atuar mais efetivamente no sistema nervoso do encarnado.

Os esclarecimentos não poderiam ser mais claros.

## 11 Uma moeda com uma só face

— Aquele professor! Maldito torturador! Utilizava a inteligência para fazer experimentos humanos com essas criaturas. Irá pagar. Ele será uma moeda com uma só face! Sem contato com os outros! Será prisioneiro no próprio corpo! — resumia a diferente entidade que, embora não exalasse tanta crueldade, demonstrava grande ódio pelo ex-professor.

O obsessor referia-se a outros Espíritos, profundamente deformados, torturados, transfigurados, que, sem conseguirem comunicar-se de modo inteligível, urravam e choravam pela psicofonia esclarecedora em uma reunião desobsessiva espírita.

— Percebo que tu não sofreste tão diretamente como estes outros Espíritos. E, do mesmo modo, percebo que não és de todo mal. Apenas tens grande rancor — dizia o dialogador inspirado por benfeitores amigos.

— Eu não fui torturado fisicamente, é verdade. Mas fui humilhado. Aquele professor é a soberba em pessoa. Queria poder e pisava em todos, sobretudo em nós que deveríamos aprender como alunos dele. Eu irei me vingar pelas humilhações e revidar o que esses pobres coitados sofreram.

Tratava-se da vida anterior de uma criança autista. Com o carinho materno, embora o pai lhe fosse um pouco indiferente e achasse que o filho não tinha nada, o pequenino estava respondendo muito bem ao tratamento psiquiátrico com medicações que lhe diminuíram os comportamentos desadaptativos e com as intervenções psicoterapêuticas que adorável médica lhe prestava.

Melhorava, assim, a olhos vistos. Obviamente, porém, porque, quando instalado, o autismo não é ainda curável pelas intervenções terapêuticas da atualidade, o pequeno paciente permanecia com os sintomas nucleares presentes, embora igualmente bem atenuados.

— Meu amigo, não te demores mais nesta investida. Quanto tempo perdido e quantos dons que possuis desperdiçados pela obstinação da vingança! Sabes que teu ex-professor, que não soube usar da inteligência, está agora, de fato, em uma prisão, em uma moeda com uma única face. Não ignoras que foi o próprio perispírito dele deformado que gerou um cérebro autístico. Não te demores, pois. Não necessitas obsediá-lo. A Lei de Causa e Efeito encontra a todos, sem necessidade de instrumentos transviados. Abre-se agora para ti, portanto, uma nova oportunidade. Aproveita! — arrematou o dialogador.

A entidade, ao influxo da amorosidade há muito não sentida, contudo há tempos desejada, começou a chorar. No fundo, desejava mudança. E, assim, deixou-se conduzir para as estâncias de refazimento espiritual, diminuindo a própria dor e o sofrimento da criança com autismo.

# Conclusão

Ao término destas páginas, parece evidente que a Doutrina Espírita lança um outro olhar acerca do adoecimento mental.

Nesta visão, a abrangência e a capacidade de fazer pontes configuram-se como a marca indelével.

Por isso mesmo, não denegrindo, nem muito menos negando as contribuições das tradicionais ciências da saúde, vem apresentar alguns elementos a mais, conforme aqui se escreveu.

Vale a pena salientar, entretanto, que ter uma doença mental não é sinônimo de fraqueza na acepção moral do termo. Certamente, quem passa por momentos assim atravessa períodos de fragilidade psíquica, o que é bem diferente.

Além disso, os transtornos neuropsiquiátricos não são castigos demoníacos, nem muito menos divinos. Antes, são consequências de variados fatores que, obedecendo à probabilística Lei de Causa e Efeito, somam-se para configurar tais ou quais quadros doentios.

Entender esses fatores contribuintes é tarefa das mais valiosas para melhor ajudar os indivíduos necessitados de amparo. Porém, nunca essa compreensão deve servir como base para julgamentos ou atitudes condenatórias de qualquer ordem, o que seria um contrassenso perante a Lei de Amor proveniente de Deus.

Outrossim, esse entendimento deve servir para se construir uma postura de integralidade entre as abordagens terapêuticas que sejam louváveis, eficazes, estudadas, validadas e dignas. Nunca, contudo, para servir de arsenal radicalista e reducionista.

Igualmente, é importante que os trabalhadores das casas espíritas estejam atentos no lidar com pessoas que chegam aos centros espíritas com enfermidades psiquiátricas. É fundamental perceberem que elas são pessoas passando por momentos de adoecimento. Às vezes esses momentos equivalem a uma existência inteira, já que muitas dessas afecções são crônicas. Em algumas situações mais graves, como transtornos graves do espectro autista ou esquizofrenia, a doença eventualmente eclipsa a personalidade do indivíduo. Mesmo aí é imperioso lembrar-se que são Espíritos imortais mais ou menos restringidos por um corpo adoecido. Ou seja, são pessoas com potenciais que podem ser, no devido momento, aproveitados no centro espírita em tarefas adequadas e condizentes. Na fase aguda, porém, quando essas pessoas chegam em uma busca de ajuda, é fundamental que o trabalhador evite dar supostas revelações, sermões ou análises psicológicas comportamentais muito aprofundadas. O momento agudo em que a pessoa chega procurando o centro é sobretudo de acolhimento com escuta. É papel do trabalhador espírita oferecer o auxílio do Espiritismo com zelo e atenção. Não é papel deste dar diagnósticos ou fazer psicoterapias improvisadas. Mesmo que esse trabalhador espírita também seja profissional médico psiquiatra ou psicólogo. No centro espírita, ele precisará oferecer o auxílio espírita.

Por fim, esse olhar médico-espírita diante dos transtornos psiquiátricos alerta a todos para a diminuição do narcisismo tirânico de cada um, contribuindo para a humildade, o respeito e o cuidado diante dessa esfera tão sagrada, e ao mesmo tempo tão nossa, chamada psiquismo.

# ÍNDICE GERAL[185]

Acidente Vascular Encefálico
alteração isquêmica cerebral – introd.

Adolescência
aspectos psicológicos do passado – P1, 129, nota

Alma
foco da consciência e da personalidade – P1, 23, nota
Psiquiatria – apres.
psiquiatria do século XXI – apres.
transtornos mentais – apres.

Almeida, Alberto Ribeiro de, Dr. – introd.,
nota; P1, 107, nota
Obsessão e distúrbios Psicobiofísicos, seminário – P1, 107, nota

Alteração biológica
considerações – P1, 43, nota; P1, 53
*Livro dos espíritos, O* – P1, 53, nota
moratória – P1, 43, nota

Alteração nervosa
alterações estruturais– P1, 54, nota
alterações funcionais – P1, 55, notas

Alteração perispiritual
considerações – P1, 35, nota

Andrade, Hernane Guimarães
perispírito – P1, 39; P1, 41; P1, 48

Ângelis, Joanna de, Espírito
Divaldo Pereira Franco – P1, 75, nota
inconsciente profundo – P1, 75, notas

Anima
conceito – P1, 72

Animus
conceito – P1, 72

Arquétipos
Carl Gustav Jung – P1, 72, nota

*Arte de viver*
Concurso Nacional de Pintura e Poesia Arte de Viver – P1, 20-22, nota

Aspectos psicológicos
Sigmund Freud, neurologista – P1, 69, nota

Associação Médico-Espírita de Pelotas-RS
Sérgio Luís da Silva Lopes, Dr. – apres., nota

Atmosfera espiritual
perispírito – P1, 101, nota

---

[185] N.E.: Os números arábicos logo após as abreviaturas P1 e P2 remetem às páginas. Utilizaram-se as abreviaturas introd., apres. e concl. para Introdução, Apresentação e Conclusão respectivamente.

# ÍNDICE GERAL

Aura *ver* Atmosfera espiritual

Auto-obsessão
Allan Kardec – P1, 98, nota
*Obras póstumas* – P1, 98, nota

*Bastidores da obsessão, Nos*
Divaldo Pereira Franco – P1, 102, nota
Manoel Philomeno de Miranda – P1, 102, nota

Binômio saúde-doença
visão espiritista – introd.

*Boa nova*
Francisco Cândido Xavier – P1, 32, nota
Humberto de Campos – P1, 32, nota
Lei de talião – P1, 32, nota
Lei do Amor – P1, 32, nota

Campos, Humberto de
*Boa nova*, – P1, 32, nota

Caráter
mudança no * do indivíduo – P1, 134, nota

Carma
Lei de Causa e Efeito – P1, 28, nota
significado do termo – P1, 28, nota

Cérebro
Ciência e postulado de Cajal – P1, 81
Ciência e visão atual – P1, 81
modelo científico materialista – apres.

*Céu e o inferno, O*
Allan Kardec – P1, 37, nota

Ciência
postulado de Cajal – P1, 81

Código de Hamurabi
Moisés – P1, 28, nota

Concurso Nacional de Pintura e Poesia Arte de Viver
*Arte de viver* – P1, 20-22, nota

Consciência
considerações – P1, 71, notas
livre-arbítrio – P1, 87, 88, nota

*Consolador, O*
Emmanuel, Espírito – P1, 76, nota
Francisco Cândido Xavier – P1, 50-51, nota; P1, 76, nota
Lei da genética – P1, 50-51, nota

Conteúdo psíquico inato
considerações – P1, 35, nota

Corpo biológico
formação – P1, 41

Corpo espiritual *ver também* Perispírito
formação – P1, 46, nota
função – P1, 41

Corpo fluídico da alma ver Perispírito

Cortisol
importância do * para o desenvolvimento fetal – P1, 77, nota
níveis de * e neurogênese – P1, 82, nota

*Cristianismo e espiritismo*
Léon Denis – P1, 40, nota
perispírito – P1, 40, nota

Cristo *ver* Jesus

Culpa
arrependimento e * responsável – P1, 79, nota
conflitos interiores e * tóxica – P1, 79

Dalgalarrondo, Paulo, Dr.
*Psicopatologia e semiologia dos transtornos mentais* – P1, 91

Delírio coletivo
características – P1, 99, nota

Denis, Léon
*Cristianismo e espiritismo* – P1, 40, nota
*Depois da morte* – P1, 23, nota; P1, 40, nota
Lei de Causa e Efeito – P1, 29, nota
*Problema do ser, do destino e da dor, O* – P1, 32, nota

# ÍNDICE GERAL

*Depois da morte*
Lei de Causa e Efeito – P1, 29, nota
Léon Denis – P1, 23, nota

Depressão
alterações neuroendócrinas e imunológicas – P1, 58, notas
perdas – P1, 80, nota
sintomas – P1, 112

Depressão pós-esquizofrênica
Psiquiatria – P2, 144

Derrame *ver* Acidente Vascular Encefálico

Destino
conceito – P1, 27, nota

Determinismo espiritual
perfeição – P1, 25

Determinismo material
morte biológica – P1, 25

Deus
legislador – P1, 27

Diátese
considerações – P1, 64

Dissociação da mente
características – P2, 159, nota

Distimia
significado do termo – P1, 35, nota

Doença
aprendizado – P1, 119, nota
Doutrina Espírita – P1, 25, nota; P1, 26, nota
gênese da * e passado remoto – P1, 34, nota
ofuscamento da personalidade – concl.
origem – P1, 24; P1, 80; P1, 83, nota
planejamento reencarnatório – P1, 43
prisão para o Espírito – P1, 50
saúde – P1, 123, nota
tarefa – P1, 115, nota

Doença total
considerações – P1, 24

*Domínios da mediunidade, Nos*
duplo etérico – P1, 41, nota
Francisco Cândido Xavier – P1, 41, nota; P1, 97, nota; P1, 97, nota
obsessão recíproca – P1, 97, nota

Doutrina Espírita *ver também* Espiritismo
adoecimento mental – concl.
alterações biológicas – P1, 53, nota
determinismo – P1, 63
doença – P1, 25, nota; P1, 26, nota
Espírito, conceito – P1, 23; P1, 86
homem – introd.
Lei de Ação e Reação – P1, 29
mente – P1, 26, nota
reencarnação – P1, 34
visão do período gestacional – P1, 77

Duplo etérico
*Domínios da mediunidade, Nos* – P1, 41, nota
*Evolução em dois mundos* – P1, 41, nota

Efeito Werther
suicídios – P1, 66

Ego
considerações – P1, 71, 72

Emmanuel, Espírito
*Consolador, O* – P1, 76, nota
Francisco Cândido Xavier – P1, 76, nota

Epigenética
significado do termo – P1, 65, notas

Esculápio
significado do termo – P2, 151, nota

Espiritismo *ver também* Doutrina Espírita
desenvolvimento do ser – P1, 128
determinismo espiritual do ser – P1, 25
fluido universal – P1, 40
homem, conceito – P1, 23
Lei de Causa e Efeito – P1, 27
obsessão – P1, 85; P1, 90
vida, existência – P1, 25

# ÍNDICE GERAL

Espírito inferior
obsessão – P1, 92
utilidade do * e imperfeito no Universo – P1, 117, nota

Espírito mau
característica – P1, 92, nota

Espírito obsediado
coparticipação do Espírito obsessor – P1, 105
dificuldade na renovação de pensamento – P1, 103, nota
halo espiritual do obsessor – P1, 103, nota
imperfeições morais – P1, 101, notas

Espírito obsessor
atuação do * exteriormente na obsessão – P1, 103, nota
motivos da investida – P1, 100, 101
orgulho – P1, 101

Espírito Superior
obsessão – P1, 92

Espírito(s)
atuação do * sobre a matéria – P1, 61-62, nota
conceito – P1, 23, nota; P1, 86
Doutrina Espírita – P1, 23
importância dos * no mundo moral – P1, 85, nota
influência dos * nos pensamentos – P1, 87
ligação do * ao corpo – P1, 129

Esquizofrenia catatônica
Psiquiatria – P2, 150

Esquizofrenia paranoide
Psiquiatria – P2, 145

Estado de mal epiléptico *ver* Status Epilepticus

*Status epilepticus*
Psiquiatria – P2, 179, nota

*Evangelho segundo o espiritismo, O*
Allan Kardec – P1, 33, nota; P1, 69, nota; P1, 83, nota; P1, 91, nota; P1, 101, nota; P1, 103, nota; P1, 107, nota; P1, 111, nota; P1, 121, nota; P1, 123, nota

*Evolução em dois mundos*
duplo etérico – P1, 41, nota
Francisco Cândido Xavier – P1, 41, nota; P1, 46, nota

*Ezequiel,* 33:11
livro bíblico – P1, 30, nota

Família
influências sócio-histórico-culturais – P1, 64, notas

Fascinação
considerações – P1, 94

Ferreira, Ignácio, Dr., Espírito
*Transtornos psiquiátricos e obsessivos* – P1, 113, nota
vampirização – P1, 113, nota

Fluido cósmico *ver* Fluido universal

Fluido universal
conceito – P1, 40

Fotografia do pensamento – P1, 101, nota

Fotografia do pensamento *ver* Atmosfera
espiritual

Franco, Divaldo Pereira
*Bastidores da obsessão, Nos* – P1, 102, nota
*Grilhões partidos* – P1, 114, nota
*Homem integral, O* – P1, 75, nota
Joanna de Ângelis, Espírito – P1, 75, notas
*Sementes de vida eterna* – P1, 93, nota; P1, 95, nota
*Temas da vida e da morte* – P1, 129
*Transtornos psiquiátricos e obsessivos* – P1, 113, nota
*Triunfo pessoal* – P1, 75, nota

Freud, Sigmund, neurologista
aspectos psicológicos – P1, 69, nota

# ÍNDICE GERAL

divisão do psiquismo – P1, 71
histeria – P2, 159
Id – P1, 35, nota
perdas e origem de doenças – P1, 80, nota
processos da mente – P1, 71, notas
religião – apres., nota
reuniões de hipnose de Charcot – P1, 70

Galeno
significado do termo – P2, 180, nota

Gene
considerações – P1, 47

*Gênese, A,*
Allan Kardec – P1, 39, nota; P1, 91, nota; P1, 95, nota; P1, 101, nota; P1, 103, nota
perispírito – P1, 39, nota; P1, 40, nota

Glândula tireoidiana
síndrome psiquiátrica – P1, 60, notas

Göethe
*sofrimentos do jovem Werther, Os* – P1, 66

*Grilhões partidos*
Bezerra de Menezes – P1, 114, nota
Divaldo Pereira Franco – P1, 114, nota

Hiperplasia
significado do termo – P1, 59, nota

Histeria
Psiquiatria – P2, 154
Sigmund Freud, neurologista – P2, 159, nota

Homem
Doutrina Espírita – introd.
Espiritismo – P1, 23
motivo da infelicidade – P1, 125, nota

*Homem integral, O*
Divaldo Pereira Franco – P1, 75, nota
Joanna de Ângelis, Espírito – P1, 75, nota

Iceberg
simbologia – P1, 120

Id
considerações – P1, 71,73
Sigmund Freud, neurologista – P1, 35, nota
significado do termo – P1, 35, nota

Idoso
manifestações psiquiátricas – P1, 59

Inconsciente coletivo
Carl Gustav Jung – P1, 73, 74, nota

Inconsciente pessoal
Carl Gustav Jung – P1, 73

Inconsciente profundo
Joanna de Ângelis, Espírito – P1, 75, notas

Infância
utilidade do estado – P1, 127, nota

Influência espiritual
André Luiz – P1, 98, nota
*Mecanismos da mediunidade,* – P1, 98, nota

Janet, Pierre
mediunidade – apres., nota

Jesus
*I Pedro*, 4:8 – P1, 30, nota
*João*, 9:1 a 3 – P1, 115, nota
*João*, 18:11 – P1, 30, nota
*Mateus*, 5:4 – P1, 119, nota
*Mateus*, 5: 23 a 26 – P2, 177, nota
*Mateus*, 5:26 – P1, 124, nota
*Mateus*, 18:7 – P1, 29, nota
*Mateus*, 26:52 – P1, 29-30, nota
*Mateus*, 26:52 – P1, 30, nota

*João*, 9:1 a 3 – P1, 115, nota

Jung, Carl Gustav
arquétipos – P1, 72, nota
inconsciente coletivo – P1, 73, 74, nota
inconsciente pessoal – P1, 73

Kardec, Allan
auto-obsessão – P1, 98, nota
casos de retardamento mental – P1, 60, notas

## ÍNDICE GERAL

*Céu e o inferno, O* – P1, 37, nota
Espírito, conceito – P1, 23, nota
*Evangelho segundo o espiritismo, O* –
P1, 33, nota; P1, 69, nota; P1, 83, nota; P1, 101, nota; P1, 103, nota; P1, 107, nota; P1, 111, nota; P1, 121, nota; P1, 123, nota
*Gênese, A* – P1, 39, nota; P1, 101, nota
*Livro dos espíritos, O* – P1, 40, nota; P1, 47, nota; P1, 61, notas; P1, 63, nota; P1, 67, nota; P1, 88, nota; P1, 95, nota; P1, 97, nota; P1, 100; P1, 117, nota; P1, 125, nota; P1, 127, nota; P1, 128, nota; P1, 129, nota; P1, 134, nota
*Livro dos médiuns, O* – P1, 23, nota; P1, 89, nota; P1, 92, nota; P1, 93, nota; P1, 94, nota; P1, 101, nota
*Obras póstumas* – P1, 98, nota; P1, 101, nota; P1, 103, nota
perispírito – P1, 39
possessão – P1, 95, notas
*Que é o espiritismo, O* – P1, 40, nota; P1, 85, nota; P1, 86, nota
subjugação – P1, 107, nota; P1, 111, nota
tipos de obsessão – P1, 93, nota; P1, 94, nota

Kraepelin, Emil
Nosologia Psiquiátrica – apres.

Lei da genética
*Consolador, O* – P1, 50-51, nota
Francisco Cândido Xavier – P1, 50-51, nota

Lei de Ação e Reação
Isaac Newton – P1, 28
Lei de Causa e Efeito – P1, 29, nota
quadro resumo – P1, 31, nota

Lei de Causa e Efeito
carma – P1, 28, nota
Espiritismo – P1, 27
Lei de Ação e Reação – P1, 29, nota
quadro resumo – P1, 31, nota
reencarnação – P1, 33

Lei de talião
*Boa nova* – P1, 32, nota

Lei do Amor
*Boa nova* – P1, 32, nota

*Libertação*
André Luiz – P1, 104, nota
Francisco Cândido Xavier – P1, 104, nota
verdadeiro cerco temporariamente organizado – P1, 104, nota

Livre-arbítrio
consciência – P1, 87, 88, nota
obstáculos ao exercício – P1, 67, nota
psicossoma – P1, 50

*Livro dos espíritos, O*
Allan Kardec – P1, 40, nota; P1, 47, nota; P1, 61, notas; P1, 63, nota; P1, 67, nota; P1, 88, nota; P1, 95, nota; P1, 97, nota; P1, 100; P1, 117, nota; P1, 125, nota; P1, 127, nota; P1, 128, nota; P1, 129, nota; P1, 134, nota
alterações biológicas – P1, 53, nota

*Livro dos médiuns, O*
Allan Kardec – P1, 23, nota; P1, 89, nota; P1, 92, nota; P1, 93, nota; P1, 94, nota; P1, 101, nota
Espírito, conceito – P1, 23, nota

Lopes, Sérgio Luís da Silva, Dr.
médico espírita – apres., nota

Loucura
influências obsessivas – P1, 105, notas

*Loucura sob novo prisma, A*
Bezerra de Menezes, Dr. – P1, 105, nota

Luiz, André, Espírito
*Domínios da mediunidade, Nos* – P1, 95, nota
influência espiritual – P1, 98, nota
*Libertação* – P1, 104, nota
*Mecanismos da mediunidade* – P1, 98, nota
*Missionários da luz* – P1, 97, nota; P1, 130, nota
perispírito – P1, 39
verdadeiro cerco temporariamente organizado – P1, 104, nota

## ÍNDICE GERAL

*Vida no mundo espiritual, A* – P1, 96, nota

Machado, Leonardo, Dr.
*Transtornos psiquiátricos, um olhar médico-espírita* – apres.
*últimos dias de Sócrates, Os* – P1, 27, nota

Mal
remédio – P1, 121, nota

Mateus, Evangelista
Jesus – P1, 29, nota; P1, 29-30, nota; P1, 119, nota; P1, 124, nota; P2, 177, nota

*Mecanismos da mediunidade*
André Luiz – P1, 98, nota
Francisco Candido Xavier – P1, 26, nota; P1, 98, nota
influência espiritual – P1, 98, nota

Medicina
surgimento das doenças – P1, 64

Médium(ns)
atuação dos * no Mundo Espiritual – P1, 89
conceito – P1, 89, nota
influências espirituais – P1, 90, nota

Mediunidade
ação da * no Mundo Espiritual – P1, 89
conceito – P1, 89
patologia mental – apres.
Pierre Janet – apres., nota

Menezes, Bezerra de, Dr.
*Grilhões partidos* – P1, 114, nota
*Loucura sob novo prisma, A* – P1, 105, nota

Mente
Doutrina Espírita, conceito – P1, 26, nota
Medicina, Psicologia – apres.

Miranda, Manoel Philomeno de
*Bastidores da obsessão, Nos* – P1, 102,

obsessão – P1, 93, nota; P1, 95, nota
*Sementes de vida eterna* – P1, 93, nota

*Missionários da luz*
André Luiz – P1, 97, nota; P1, 130, nota
obsessão recíproca – P1, 97, nota

Modelo organizador biológico *ver também*
Perispírito
Hernane Guimarães Andrade – P1, 39; P1, 41; P1, 48

Modificação genética
considerações – P1, 42, nota

Moisés
Código de Hamurabi – P1, 28, nota

Morte
determinismo material – P1, 25

Mundo Espiritual
ação da mediunidade – P1, 89
atuação dos médiuns – P1, 89
considerações – P1, 86, 87

Neurônio
formação de * e adversidades precoces – P1, 82, nota

Neuroplasticidade
significado do termo – P1, 82, nota

Neuropsiquiatria
retorno à * praticada no passado – P1, 56-57, notas

Newton, Isaac
Lei de Ação e Reação – P1, 28
*Philosophiae Naturalis Principia Mathematica* – P1, 28, nota

Nosologia Psiquiátrica
Emil Kraepelin – apres.

*Obras póstumas*
Allan Kardec – P1, 98, nota; P1, 101, nota; P1, 103, nota
auto-obsessão – P1, 98, nota

# ÍNDICE GERAL

Obsessão(ões)
  alteração biológica – P1, 111; P1, 114, nota
  alterações perispirituais – P1, 104
  características – P1, 93, nota
  causas e mecanismos – P1, 100
  conceito – P1, 90, nota; P1, 91, notas; P1, 92
  consequências da * prolongada – P 1, 107, nota
  caráter da * epidêmica – P1, 99, notas
  caráter da * recíproca – P1, 97, notas
  caráter da * simples – P1, 94
  desobsessão – P1, 91
  Espiritismo – P1, 85; P1, 90
  Espíritos inferiores – P1, 92
  Espíritos Superiores – P1, 92
  expressões da * entre vários tipos de indivíduos – P1, 95
  instalação – P1, 102, nota
  Manoel Philomeno de Miranda – P1, 93, nota; P1, 95, nota
  plugue facilitador – P1, 105, nota
  tipos – P1, 93, nota
  tipos de * e as síndromes psiquiátricas, Os – P1, 107, nota

Obsessão e distúrbios Psicobiofísicos, seminário
  Alberto Ribeiro de Almeida, Dr. – P1, 107, nota

*Obsessão/Desobsessão*
  Suely Caldas Schubert – P1, 103, nota; P1, 104, nota

Orgulho
  obsessor – P1, 101

Palingenesia *ver* Reencarnação

Pandêmico
  conceito – P1, 85, nota

Paulo de Tarso
  perispírito – P1, 39

*Pedro, I*
  Jesus – P1, 30, nota

Pensamento
  dificuldade na renovação de * do obsediado – P1, 103, nota
  influência dos Espíritos – P1, 87

Período gestacional
  importância do * no registro mental dos indivíduos – P1, 76
  visão da Doutrina Espírita – P1, 77
  visão da Medicina – P1, 77

Período infantojuvenil
  eventos adversos – P1, 131, nota
  suscetibilidade – P1, 130

Perispírito
  Allan Kardec – P1, 39, nota
  André Luiz – P1, 39
  atmosfera espiritual – P1, 101, nota
  considerações – P1, 39, notas; P1, 40, notas; P1, 41
  formação – P1, 40
  função – P1, 41, nota
  gênese dos distúrbios psiquiátricos – P1, 45
  *Gênese, A* – P1, 39, nota; P1, 40, nota
  Hernane Guimarães Andrade – P1, 39
  intermediário das influências positivas – P1, 102, nota
  intermediário das obsessões – P1, 102, nota
  Léon Denis – P1, 40, notas
  *Livro dos espíritos, O* – P1, 40, nota
  modificação – P2, 140
  mutilação – P2, 140
  origem – P1, 41
  Paulo de Tarso – P1, 39
  pensamentos viciados – P1, 101, notas

Persona
  conceito – P1, 72, 73

Petitinga, José, Espírito
  Transtornos psiquiátricos e obsessivos – P1, 113, nota

*Philosophiae Naturalis Principia Mathematica*
  Isaac Newton – P1, 28, nota

# ÍNDICE GERAL

Platão
  saúde e doença – introd., nota

*Poetas redivivos*
  Epiphanio Leite, Espírito – P2, 137, nota
  Francisco Cândido Xavier – P2, 137, nota
  Renascença da alma, poesia – P2, 137, 138, nota

Possessão
  Allan Kardec – P1, 95, notas
  André Luiz, Espírito – P1, 95, nota
  *Gênese, A* – P1, 95, nota

Postulado de Cajal
  Ciência e visão do cérebro – P1, 81

Predisposição às obsessões
  considerações – P1, 36, nota; P1, 44, nota
  perturbações do psicossoma – P1, 45

Princípio de Kennard
  estudo da Neuroplasticidade – P1, 131, nota

*Problema do ser, do destino e da dor, O*
  Léon Denis – P1, 32, nota

Próstata
  crescimento da * no sexo masculino – P1, 59, nota

Psicanálise
  considerações da* na fase pré-natal – P1, 78

Psicopatologia
  significado do termo – P1, 90

*Psicopatologia e semiologia dos transtornos mentais*
  Paulo Dalgalarrondo, Dr. – P1, 91

Psicosfera *ver* Atmosfera espiritual

Psicossoma *ver também* Perispírito
  alterações – P1, 49
  livre-arbítrio – P1, 50
  mutabilidade, sensibilidade – P1, 40

Psiquiatria
  ansiolíticos – P2, 163
  delírio compartilhado – P1, 100
  depressão pós-esquizofrênica – P2, 144
  especialidade médica – P1, 19, nota
  esquizofrenia catatônica – P2, 150
  esquizofrenia paranoide – P2, 145
  histeria – P2, 154
  *status epilepticus* – P2, 179, nota
  surgimento das doenças – P1, 64
  transtorno de déficit de atenção e hiperatividade – P2, 172, nota
  transtorno de personalidade borderline – P2, 169, nota
  transtorno factício – P2, 149

Quase obsidiado
  significado da expressão – P1, 99, nota

*Que é o espiritismo, O*
  Allan Kardec – P1, 40, nota; P1, 85, nota
  perispírito – P1, 40, nota

Reencarnação
  Doutrina Espírita – P1, 34
  Ian Stevenson, Dr. – P1, 33
  início – P1, 128
  Lei de Causa e Efeito – P1, 33
  marcos importantes – P1, 129, notas
  término do processo – P1, 128, nota
  visão espiritista – P1, 36

Religião
  Sigmund Freud – apres., nota

Resignação
  sofrimento – P1, 121, nota

Resiliência
  significado do termo – P1, 134, nota

Saúde parcial
  conceito – P1, 24

Saúde total
  conceito – P1, 24

Schubert, Suely Caldas
  *Obsessão/Desobsessão* – P1, 103, nota; P1, 104, nota

# ÍNDICE GERAL

Self
  conceito – P1, 72, nota

*Sementes de vida eterna*
  Divaldo Pereira Franco – P1, 93, nota; P1, 95, nota

Síndrome de Munchausen – P1, 132, nota

Sistema nervoso
  formação de novas sinapses – P1, 129

Sócrates
  cérebro, pensamento – introd.

*Sofrimentos do jovem Werther, Os*
  Göethe – P1, 66

Sombra
  conceito – P1, 72, 73

Stevenson, Ian, Dr.
  reencarnação – P1, 33

Subjugação
  Allan Kardec – P1, 107, nota; P1, 108-111, nota
  atuação do Espírito obsessor – P1, 103
  considerações – P1, 94, nota

Suicídio
  Efeito Werther – P1, 66

Superego
  considerações – P1, 71

*Temas da vida e da morte*
  Divaldo Pereira Franco – P1, 129, nota

Tendência inata
  considerações – P1, 34, notas

Tentalizante
  origem do termo – P1, 97, nota

Trabalhador espírita
  papel do * no centro espírita – concl.

Transtorno de personalidade
  diagnóstico – P1, 34, nota

Transtorno de déficit de atenção e hiperatividade
  Psiquiatria – P2, 172, nota

Transtorno de personalidade borderline características – P2, 169, nota

Transtorno factício
  Psiquiatria – P2, 149

Transtornos psiquiátricos e obsessivos
  Divaldo Pereira Franco – P1, 113, nota

*Transtornos psiquiátricos, um olhar médico-espírita*
  Leonardo Machado, Dr. – apres.
  objetivo – introd.

*Triunfo pessoal*
  Divaldo Pereira Franco – P1, 75, nota
  Joanna de Ângelis, Espírito – P1, 75, nota

*Últimos dias de Sócrates, Os*
  Lei de Causa e Efeito – P1, 27, nota
  Leonardo Machado, Dr. – P1, 27, nota

Vida
  começo da * biológica – P1, 76

*Vida no mundo espiritual, A*
  André Luiz – P1, 96, nota

Xavier, Francisco Cândido
  *Boa nova* – P1, 32, nota
  *Consolador, O* – P1, 50-51, nota
  *Domínios da mediunidade, Nos* – P1, 41, nota; P1, 97, nota
  *Evolução em dois mundos* – P1, 41, nota; P1, 46, nota
  *Libertação* – P1, 104, nota
  *Mecanismos da mediunidade* – P1, 26, nota; P1, 98, nota
  *Missionários da luz* – P1, 97, nota; P1, 130, nota
  *Poetas redivivos* – P2, 137, nota
  *Vida no mundo espiritual, A* – P1, 96, nota

# Referências

BASTOS FILHO, Othon Coelho. *Contribuição ao estudo clínico da depressão pós-esquizofrênica*. Tese para concurso de professor titular de clínica psiquiátrica da Faculdade de Ciências Médicas da Universidade de Pernambuco. Recife, 1981.

BÍBLIA SAGRADA. Trad.: João Ferreira de Almeida. Edição Familiar: Difusão Cultural do Livro.

CHENIAUX, Elie. *Manual de psicopatologia*. 4. ed. Rio de Janeiro: Guanabara Koogan, 2011.

CICCHETTI, Dante; CURTIS, W. John. *The developing brain and neural plasticity: implications for normality, psychopathology, and resilience.*

CLASSIFICAÇÃO de transtornos mentais e de comportamento da CID-10: descrições clínicas e diretrizes diagnósticas. Coord. Organização Mundial de Saúde. Trad. Dorgival Caetano. Porto Alegre: Artes Médicas, 1993.

DALGALARRONDO, Paulo. *Psicopatologia e semiologia dos transtornos mentais*. 2. ed. Porto Alegre: Artmed, 2008.

DENIS, Léon. *Cristianismo e espiritismo*. 17. ed. 4. imp. Brasília: FEB, 2018.

_____. *Depois da morte*. 28. ed. 6. imp. Brasília: FEB, 2018.

## REFERÊNCIAS

_____. *O problema do ser, do destino e da dor*. 32. ed. 10. imp. Brasília: FEB, 2018.

FADIMAN, James; FRAGER, Robert. *Personalidade e crescimento pessoal*. 5. ed. Porto Alegre: Artmed, 2004.

FRANCO, Divaldo Pereira. *Triunfo pessoal*. Pelo Espírito Joanna de Ângelis. Salvador: Leal, 2002.

_____. *O homem integral*. Pelo Espírito Joanna de Ângelis. 20. ed. Salvador: Leal, 2009.

_____. *Conflitos existenciais*. Pelo Espírito Joanna de Ângelis. Salvador: Leal, 2005.

_____. *Jesus e o evangelho à luz da psicologia profunda*. Pelo Espírito Joanna de Ângelis. Salvador: Leal, 2000.

_____. *Refletindo a alma*: a psicologia espírita de Joanna de Ângelis. Núcleo de Estudos Psicológicos Joanna de Ângelis. Salvador: Leal, 2011.

FRANCO, Divaldo Pereira. *Entre os dois mundos*. Pelo Espírito Manoel Philomeno de Miranda. 5. ed. Salvador: Leal, 2013.

_____.*Grilhões partidos*. Pelo Espírito Manoel Philomeno de Miranda.Salvador: Leal, 1974.

_____. *Loucura e obsessão*. Pelo Espírito Manoel Philomeno de Miranda. 12. ed. 7. imp. Brasília: FEB, 2018.

_____. *Nos bastidores da obsessão*. Pelo Espírito Manoel Philomeno de Miranda. 13. ed. 2. imp. Brasília: FEB, 2017.

_____. *Painéis da obsessão*. Pelo Espírito Manoel Philomeno de Miranda. 2. ed. Salvador: Leal, 1984.

_____. *Sementes da vida eterna*. Por diversos Espíritos. Salvador: Leal, 1978.

# REFERÊNCIAS

_____. *Sexo e obsessão*. Pelo Espírito Manoel Philomeno de Miranda. Salvador: Leal, 2002.

_____. *Temas da vida e da morte*. Pelo Espírito Manoel Philomeno de Miranda. 7. ed. 3. imp. Brasília: FEB, 2018.

_____. *Tormentos da obsessão*. Pelo Espírito Manoel Philomeno de Miranda. Salvador: Leal, 2001.

_____. *Transição planetária*. Pelo Espírito Manoel Philomeno de Miranda. 5. ed. Salvador: Leal, 2014.

_____. *Transtornos psiquiátricos e obsessivos*. Pelo Espírito Manoel Philomeno de Miranda. Salvador: Leal, 2012.

_____. *Trilhas da libertação*. Pelo Espírito Manoel Philomeno de Miranda. 10. ed. 5. imp. Brasília, 2018.

GROTBERG, Edith H. Introdução: novas tendências em resiliência. In: MELILLO, Aldo ; OJEDA, Elbio N. S. *Resiliência*: descobrindo as próprias fortalezas. Trad. Valério Campos. Porto Alegre: Artmed, 2005.

KARDEC, Allan. *O livro dos espíritos*. Trad. de Guillon Ribeiro. 93. ed. 8. imp. Brasília: FEB, 2019.

_____. *A gênese*. Trad. de Guillon Ribeiro. 53. ed. 6. imp. Brasília: FEB, 2018.

_____. *O céu e o inferno*. Trad. Manuel Quintão. 61. ed. 6. imp. Brasília: FEB, 2018.

_____. *O evangelho segundo o espiritismo*. Trad. Guillon Ribeiro. 131. ed. 13. imp. Brasília: FEB, 2019.

_____. *O livro dos médiuns*. Trad. Guillon Ribeiro. 81. ed. 7. imp. Brasília: FEB, 2019.

_____. *O que é o espiritismo*. Trad. Guillon Ribeiro. 56. ed. 5. imp. Brasília: 2019.

# REFERÊNCIAS

\_\_\_\_\_. *Obras póstumas*. Trad. Guillon Ribeiro. 41. ed. 1. imp. (ed histórica) Brasília: FEB, 2019.

LOUZÃ NETO, Mario Rodrigues; ELKIS, Hélio. *Psiquiatria básica*. 2. ed. Porto Alegre: Artmed, 2007.

MACHADO, Leonardo. *Os últimos dias do sábio*. Porto Alegre: FERGS, 2012.

MALETIC, Vladimir; RAISON, Charles L. *Neurobiology of depression, fibromyalgia and neuropathic pain*. Frontiers in Bioscience, n. 14, June 1, 2009, ISSN: 5291-5338.

MENEZES, Adolfo Bezerra de. *A loucura sob novo prisma*. 4. ed. 1. reimp. Rio de Janeiro: FEB, 2010.

MIGUEL, Eurípedes Constantino; GENTIL, Valentim; GATTAZ, Wagner. *Clínica psiquiátrica*: a visão do Departamento e do Instituto de Psiquiatria do HCFMUSP. Barueri, SP: Manole, 2011.

MOREIRA-ALMEIDA, Alexander; LOTUFO NETO, Francisco; KOENING, Harold G. *Religiousness and mental health: a review*. Revista Brasileira de Psiquiatria, v. 28, n. 3, p. 242-250, 2006.

PAIM, Isaías. *Curso de psicopatologia*. 11. ed. rev. e ampl. São Paulo: EPU, 1993.

PLATÃO. *Diálogos*. Seleção, introdução e Trad. direta do grego por Jaime Bruna. 9. ed. São Paulo: Cultrix, 2006.

SADOCK, Benjamin James ; SADOCK, Vírginia Alcott. *Compêndio de psiquiatria*: ciências do comportamento e psiquiatria clínica. 9. ed. Porto Alegre: Artmed, 2007.

SCHUBERT, Suely Caldas. *Obsessão/Desobsessão*. 3. ed. 2. imp. Brasília: FEB, 2018.

XAVIER, Francisco Cândido. *Ação e reação*. Pelo Espírito André Luiz. 30. ed. 11. imp. Brasília: FEB, 2019.

# REFERÊNCIAS

_____. *Boa nova*. Pelo Espírito Humberto de Campos. 37. ed. 12. imp. Brasília: FEB, 2018.

_____. *Evolução em dois mundos*. Pelo Espírito André Luiz. 27. ed. . imp. Brasília: FEB, 2019.

_____. *Libertação*. Pelo Espírito André Luiz. 33. ed. 11. imp. Brasília: FEB, 2019.

_____. *Mecanismos da mediunidade*. Pelo Espírito André Luiz. 28. ed. 9. imp. Brasília: FEB, 2019.

_____. *Missionários da luz*. Pelo Espírito André Luiz. 45. ed. 11. imp. Brasilia: FEB, 2019.

_____. *No mundo maior*. Pelo Espírito André Luiz. 28. ed. 10. imp. Brasília: FEB, 2019.

_____. *Nos domínios da mediunidade*. Pelo Espírito André Luiz. 36. ed. 10. imp. Brasília: FEB, 2019.

_____. *O consolador*. Pelo Espírito Emmanuel. 29. ed. 9. imp. Brasília: FEB, 2019.

YÜN, Hsing. *Budismo:* significados profundos. Trad. Luciana Franco Piva. 7. ed. São Paulo: Editora de Cultura, 2007.

ZIMERMAN, David E. *Manual de técnica psicanalítica:* uma re-visão. Porto Alegre: Artmed, 2004.

ZIMMERMANN, Zalmino. *Perispírito*. Campinas: CEAK, 2011.

# O LIVRO ESPÍRITA

Cada livro edificante é porta libertadora.

O livro espírita, entretanto, emancipa a alma nos fundamentos da vida.

O livro científico livra da incultura; o livro espírita livra da crueldade, para que os louros intelectuais não se desregrem na delinquência.

O livro filosófico livra do preconceito; o livro espírita livra da divagação delirante, a fim de que a elucidação não se converta em palavras inúteis.

O livro piedoso livra do desespero; o livro espírita livra da superstição, para que a fé não se abastarde em fanatismo.

O livro jurídico livra da injustiça; o livro espírita livra da parcialidade, a fim de que o direito não se faça instrumento da opressão.

O livro técnico livra da insipiência; o livro espírita livra da vaidade, para que a especialização não seja manejada em prejuízo dos outros.

O livro de agricultura livra do primitivismo; o livro espírita livra da ambição desvairada, a fim de que o trabalho da gleba não se envileça.

O livro de regras sociais livra da rudeza de trato; o livro espírita livra da irresponsabilidade que, muitas vezes, transfigura o lar em atormentado reduto de sofrimento.

O livro de consolo livra da aflição; o livro espírita livra do êxtase inerte, para que o reconforto não se acomode em preguiça.

O livro de informações livra do atraso; o livro espírita livra do tempo perdido, a fim de que a hora vazia não nos arraste à queda em dívidas escabrosas.

Amparemos o livro respeitável, que é luz de hoje; no entanto, auxiliemos e divulguemos, quanto nos seja possível, o livro espírita, que é luz de hoje, amanhã e sempre.

O livro nobre livra da ignorância, mas o livro espírita livra da ignorância e livra do mal.

Emmanuel[1]

---

[1] Página recebida pelo médium Francisco Cândido Xavier, em reunião pública da Comunhão Espírita Cristã, na noite de 25 de fevereiro de 1963, em Uberaba (MG), e transcrita em *Reformador*, abr. 1963, p. 9.

# LITERATURA ESPÍRITA

Em qualquer parte do mundo, é comum encontrar pessoas que se interessem por assuntos como imortalidade, comunicação com Espíritos, vida após a morte e reencarnação. A crescente popularidade desses temas pode ser avaliada com o sucesso de vários filmes, seriados, novelas e peças teatrais que incluem em seus roteiros conceitos ligados à Espiritualidade e à alma.

Cada vez mais, a imprensa evidencia a literatura espírita, cujas obras impressionam até mesmo grandes veículos de comunicação devido ao seu grande número de vendas. O principal motivo pela busca dos filmes e livros do gênero é simples: o Espiritismo consegue responder, de forma clara, perguntas que pairam sobre a Humanidade desde o princípio dos tempos. Quem somos nós? De onde viemos? Para onde vamos?

A literatura espírita apresenta argumentos fundamentados na razão, que acabam atraindo leitores de todas as idades. Os textos são trabalhados com afinco, apresentam boas histórias e informações coerentes, pois se baseiam em fatos reais.

Os ensinamentos espíritas trazem a mensagem consoladora de que existe vida após a morte, e essa é uma das melhores notícias que podemos receber quando temos entes queridos que já não habitam mais a Terra. As conquistas e os aprendizados adquiridos em vida sempre farão parte do nosso futuro e prosseguirão de forma ininterrupta por toda a jornada pessoal de cada um.

Divulgar o Espiritismo por meio da literatura é a principal missão da FEB, que, há mais de cem anos, seleciona conteúdos doutrinários de qualidade para espalhar a palavra e o ideal do Cristo por todo o mundo, rumo ao caminho da felicidade e plenitude.

| TRANSTORNOS PSIQUIÁTRICOS | | | | |
| --- | --- | --- | --- | --- |
| EDIÇÃO | IMPRESSÃO | ANO | TIRAGEM | FORMATO |
| 1 | 1 | 2019 | 1.000 | 16x23 |
| 1 | IPT* | 2023 | 250 | 14x21 |
| 1 | IPT | 2023 | 400 | 14x21 |
| 1 | 4 | 2024 | 800 | 14x21 |
| 1 | 5 | 2024 | 1.000 | 14x21 |

*Impressão pequenas tiragens

**FEB editora**
Livro espírita para um novo mundo
**www.febeditora.com.br**
@febeditoraoficial
@febeditora

Conselho Editorial:
*Carlos Roberto Campetti*
*Cirne Ferreira de Araújo*
*Evandro Noleto Bezerra*
*Geraldo Campetti Sobrinho – Coord. Editorial*
*Jorge Godinho Barreto Nery – Presidente*
*Maria de Lourdes Pereira de Oliveira*
*Miriam Lúcia Herrera Masotti Dusi*

Produção Editorial:
*Elizabete de Jesus Moreira*

Revisão:
*Elizabete de Jesus Moreira*
*Rosiane Dias Rodrigues*

Capa:
*Evelyn Yuri Furuta*
*Thiago Pereira Campos*

Projeto Gráfico e Diagramação:
*Thiago Pereira Campos*

Normalização Técnica:
*Biblioteca de Obras Raras e Documentos Patrimoniais do Livro*

Esta edição foi impressa pela Viena Gráfica e Editora Ltda., Santa Cruz do Rio Pardo, SP, com tiragem de 1 mil exemplares, todos em formato fechado de 140x210 mm e com mancha de 110x171 mm. Os papéis utilizados foram o Off white bulk 58 g/m² para o miolo e o Cartão 250 g/m² para a capa. O texto principal foi composto em fonte Adobe Garamond Pro 15/18 e os títulos em Adobe Garamond Pro 28/33. Impresso no Brasil. *Presita en Brazilo.*